子育て支援のための
保育カウンセリング

滝口俊子［編著］

ミネルヴァ書房

は　じ　め　に

　本書『子育て支援のための　保育カウンセリング』は，未来を担う子どもたちを今まさに育てている保護者・保育者・心理や福祉の専門職と，子どもたちの保育・教育に携わることを目指している学生のために，作成しました。
　保育カウンセラーとして活動している臨床心理士をはじめ，保育や幼児教育の専門家や，子育てに携わっている保護者にも役立つ，最新の知識と技術と情報を紹介しています。
　「子ども・子育て支援新制度」がスタートして，すべての子どもと子育て世代を支える社会を築こうとしている年に，本書を刊行できることを，たいへん意義深く思います。
　本書の各章の執筆者は，子どもたちの心身の成長に寄り添っている医師と心理臨床家と保育の専門家です。子どもたちと親しく接している執筆者の見解は，子どもたちと関係者への深い理解と愛とに裏付けられています。頭だけで考えての発言ではなく，子どもたちと親しく接している日々の臨床に基づく知見であるところに，本書の特徴があります。
　保育カウンセリングに必要な様々な知識や，保育所や幼稚園・認定こども園への訪問の仕方，子どもにかかわる他の専門職との協働などについて，具体的に紹介しています。
　また，長年にわたって保育に取り組まれてきた保育所・幼稚園の園長先生，子育て真っ最中の保護者の方々に，子どもたちとの生活を通して感じていることについて執筆していただきました。
　各章の扉の子どもたちの写真は，日野市立第五幼稚園園長の小宮広子先生の協力によって，掲載が可能になりました。
　一人ひとりの子どもの健やかな成長を希求している本書の願いが，子どもと

かかわる方々に伝わることを期待しています。全ての子どもたちの幸せな未来を，力を合わせて実現したい，と切望しています。

2015年5月5日（子どもの日）

編者　滝口　俊子

保護者への保育カウンセラーによる講演会
日野市立第七幼稚園提供

目　次

はじめに

1章　保育カウンセリングとは……………………滝口俊子…1
　1　保育カウンセリングのポイント　① おとなの姿勢……2
　2　保育カウンセリングのポイント　② 関係者間の協働……4
　3　子育て支援のための保育カウンセリングの実際……9
　4　保育カウンセリングのポイント　③ 子どもと生きる……14
　5　子どもの宇宙……17

2章　保育カウンセリングの実際………………坂上頼子…19
　1　保育臨床とは……20
　2　保育カウンセラーの役割
　　　　──東京都日野市保育カウンセラー事業……25
　3　私立保育所の園内研修……30
　4　地域の子育てサロン・避難所での支援……32
　5　子育て支援における保育カウンセラーの役割……39

　トピックス　家庭生活で感じる子どもの変化
　　　　① 与えすぎないことの大切さ（青野裕子）……40

3章　子どものこころの発達……………………吉田弘道…41
　1　こころの発達とは……42
　2　対人関係の発達……43
　3　社会性の発達……49
　4　知的能力の発達……52

5　遊びの発達……54
　　　6　保育カウンセリングに役立てるために……55

　　トピックス　家庭生活で感じる子どもの変化
　　　② 五感や想像力を育てる遊びを（志村陽子）……60

4章　子どもの身体の発達……………………………………深見真紀…61
　　　1　出生後の身体の発達……62
　　　2　身体の成長――身長を例に……65
　　　3　思春期の身体の発達……72
　　　4　子どもの身体の発達を見ることの意味……74

5章　子どもの行動観察…………………………………加藤志ほ子…77
　　　1　行動観察によるアセスメント……78
　　　2　保育の現場で行う行動観察……86
　　　3　保育カウンセリングにおける行動観察の実際……92

6章　子どもの発達障害……………………………………中村和彦…101
　　　1　発達障害とは……102
　　　2　知的能力障害（知的発達症／知的発達障害）……104
　　　3　注意欠如・多動症／注意欠如・多動性障害……105
　　　4　限局性学習症／限局性学習障害……110
　　　5　運動症群／運動障害群……112

7章　子どもの自閉スペクトラム症／
　　　　自閉症スペクトラム障害………………………別府　哲…117
　　　1　偏食が強く，友だちとうまくかかわれない4歳のショウ君……118

2　自閉スペクトラム症／自閉症スペクトラム障害
　　　　　　──DSM-5 による診断基準……119
　　　3　自閉スペクトラム症の子どもの理解と支援
　　　　　　① 感覚過敏を例に……127
　　　4　自閉スペクトラム症の子どもの理解と支援
　　　　　　② こころの理解……131
　　　5　好きな世界を知り，共有し，一緒に遊ぶ……135

　　トピックス　幼稚園の昨今の保護者：
　　　　子育てに協力的なお父さん（井上宏子）……139

8章　家族のかかえる問題……………………………浅野恵美……141
　　　1　子育て家庭をめぐる環境の変化……142
　　　2　子どもの貧困……144
　　　3　子ども虐待……149

9章　保護者とのかかわり……………………………辻河昌登……159
　　　1　保護者とかかわるまでの準備……160
　　　2　保育カウンセラーの存在を知ってもらうこと……162
　　　3　現代の家族が抱える問題……164
　　　4　保護者とのかかわりの実際……168
　　　5　保護者とのかかわりにおけるカウンセラーの臨床的作業……173

　　トピックス　保護者と保育者のやりとりから
　　　　生まれるもの（植松　頌）……176

10章　地域とのかかわり……………………………馬見塚珠生……177
　　　1　地域における子育て支援の重要性……178
　　　2　保育カウンセラーの地域における子育て支援との協働……182

v

3 保育カウンセラーの地域の諸機関との連携……184

索　引

1章
保育カウンセリングとは

滝口 俊子

本章では，乳幼児の成長に専門的にかかわる「保育カウンセリング」の考え方を，紹介したいと思います。保育所・幼稚園・認定こども園に訪問する保育カウンセラーとしての心理臨床経験と，我が子を育てた親としての反省と気づきを込めて，記します。未来を担う子どもたちの人生の基盤作りの時期である乳幼児期に，おとなたちは如何にあったらよいかを，想い巡らせていただきたいと，願っています。

1　保育カウンセリングのポイント ①　おとなの姿勢

(1) 子どもと生きる

　保育の場（保育所・幼稚園・認定こども園などの保育施設における教育や保育を，ここでは保育と表記します）における主人公は，子どもたちです。主人公が子どもであるということは，子どもを尊重することであり，発達途上の子どもを絶対視したり，おとなが子どもに従属するのではありません。

　保育カウンセリングの役割は，保育の場において，一人ひとりの子どもを全人的な存在として尊重して，成長を支えることです。子どもたちが生きやすくなるために，子ども自身と，子どもを育てている保護者・保育者・関係者に寄与することを目指しています。

　幼い子どもたちにも喜怒哀楽はあって，おとな以上に刺激を感じ取っています。しかし，子どもには表現する手段が充分に発達していません。子どもの機嫌が悪かったり，苛立ったりするのは，言葉で表現することが未熟だからです。せっかちなおとなは，自分の思い込みで子どもに対処してしまいがちですが，幼い子どもにとって重要なことは，自分が大切にされている体験です。そして，自分の思っていることが受け止められる喜びによって，自分を認めてくれるおとなに応えようとして，子どものコミュニケーション能力は育ちます。

　言葉の発達を含めて，子どもの心身の成長は，おとなとの相互作用とも言えるほどに，幼い子どもにとっておとなとの関係が重要なのです。

（2）創造的に生きる

　子どもにかかわる親や教師は，おとなの責任と思い込んで，あれこれ指示して子どもの個性を押さえつけて，殺してしまうことさえあります。

　おとな自身が創造的に生きているなら，子どもの創造性を損なうことはないのですが，おとなは，周囲からの評価や見栄に囚われて，子どもを縛ってしまいがちです。

　「周囲に合わせることが人の生きる道」ではなく，この世に生を受けた者同士が尊重しあって生きること。自分中心や身勝手ではなく，自分を活かしつつ，この世に適応することにこそ，創造的な生き方が可能になるのです。たんに社会に合わせるのでなく，集団を無視するのでもなく，自分自身と他者とを活かしあって生きることです。

　おとなが自分自身を認めて，子どもを尊重して生きることによって，おとなも子どもも創造的に生きることが可能になります。繰り返しが多く単調にも見える子どもとの生活を，創造的に生きるためには，想像力を働かせ，おとなが自分自身の資質を発揮する努力が必要です。

　自分と周囲の人の創造性を活かしあうことこそ，もっとも人間らしい生き方と言えます。

（3）広い視野をもつ

　子どもは，自己中心性を脱して成長し，視野が広がることによって，周囲を受け入れることが可能になります。乳児期の「目覚めては飲んで寝て」の生活から，やがて集団の中の一人であることに気づくのです。自らの力で視野を拡大する天才的な子どももいないわけではありませんが，一般的には周囲のおとなとの日々の交流を通して視野が広がります。

　そのためには，子どもを取り巻くおとなたちの眼差しがひらかれていることが不可欠です。子育てに忙しいとき，おとなたちは目の前のことに囚われがちですが，子どもたちが自らの力で生きる日に向かって育つためには，おとなたちの広い視野が必要です。広い視野とは，社会の動向に関心を向けるのはもち

ろんのこと，自然界にも注意を注いでいることです。

　育児中の親は，とかく日常生活に追われて視野が狭くなりがちですが，世界に対しても未来に対しても目を向ける，広い視野が必要です。この世界，この宇宙に生きている，生かされている，という自覚によって，子どもたちを豊かな生き方へと導くことが可能になります。

（4）未来を志向する

　この家族，この国，この地球に生を受けて，未来に向かって歩んでいるという，人間としての自覚を，子どもたちに伝えなくてはなりません。視野を拡大して未来を想い巡らせることができるところに，他の動物とは違う人間の特性があります。未来への志向が，発明・発見の原動力になるのです。

　幼い子どもと生活している，毎日の繰り返しに追われがちなおとなは，つい広大な宇宙や未来を忘れがちです。子どもたちが生きてゆく未来は，現状のままではないことを，認識している必要があります。

　現実に囚われたり，過去にしがみついたりすることは，誰もが陥りやすい傾向ではありますが，とくに乳幼児を育てている親や保育者には，子どもたちの未来を志向する努力が求められます。

　子どもたちが生きる未来においては，おとなが今もっている知識や知恵だけでは足りません。子どもたちの創造性を開発できるように，一人ひとりの子どもの可能性を尊重する，未来を目指す保育が不可欠なのです。

2　保育カウンセリングのポイント　② 関係者間の協働

（1）一人ひとりの子ども

　集団としての子どもたちではなく，かけがえのない一人の人格をもった，その子の心身と，たましいを尊重することが，保育カウンセリングです。

　生まれたときの身長や体重に個人差があり，顔の表情にも違いがあるように，子どものもって生まれた素質には違いがあります。外界の刺激に敏感な子，鈍

感な子，変化を好む子，刺激の苦手な子，静かな子，激しく動く子など，子どもたちには先天的な個性があります。

　生まれもった素質と，その後の環境によって生じた個性をもつ，一人ひとりの子どもを尊重することによって，子どもは受け入れられているという体験をすることになります。この体験こそが，その後の成長に不可欠な，安定感の基盤になるのです。

　不幸にして，生育環境や，親の子育ての不全によって，不安定な状態で育つ子どももいます。保育カウンセリングは，不適切な養育によって支障の生じている子どもも，先天的に困難をもっている子どもも，健康に育っている子どもも，対象です。子どもの問題点を捜し出して診断するのではなく，一人ひとりの子どもたちの成長を促進する，役割なのです。

　一人ひとりの子どもを深く理解するためには，その子の養育環境や生育状況を知る必要があります。保育カウンセリングは，冷たく取り調べるのではなく，それぞれの家族を尊重して，その子の伸びゆく可能性を発見することを目指しています。

（2）子ども同士の関係

　子どもの心身の成長には，家庭環境はもちろんのこと，親戚や友だちとの関係も，影響を及ぼしています。

　幼少期に，親以外の他者との関係をまったく体験していない子どももいる一方，祖父母・伯父伯母や，血縁ではないおとなや，周囲の子どもたちに親しく触れて育つ子どももいます。同年齢の子どもや，年上・年下の子どもとの関係があるかどうかは，その後の友だち関係や仲間意識に影響を及ぼします。

　幼いときの人とのかかわりあいによって，その後の対人関係のあり様は影響を受けます。昨今のように，複数の子どもが一緒に居ても各自バラバラにゲームに熱中している関係は，子ども同士のこころの交流にはなりません。大人たちの穏やかな見守りの中で，子ども同士が直接的に接触することこそ，子どもにとってかけがえのない体験なのです。子犬や子猫が，じゃれあって遊ぶこと

によって鍛えられるように，子どもの発達には仲間やきょうだいと親しく遊ぶ体験が重要なのです。

（3）子どもと保護者の関係

　日々生活をともにしている保護者は，幼い子どもたちに絶大な影響を及ぼしています。子どもの安定した生活は，穏やかなおとなたちなくしては叶いません。たとえ，おとなたちが子どもの前で平静を装っていても，おとなの本心は子どもたちに伝わります。胎児のときに母の体内で同体であった子どもたちは，出生後しばらくは心理的な母子一体が続きます。「幼い子どもにはおとなの話はわからない」とか「子どもの前では親の不安定を見せていない」と思い込んでいる人がいますが，子どもはおとなの状況を感じ取っているのです。言葉では表現することのできなかった幼い日々の不安が，後になって心身の症状や癖などとして現れることがあります。

　おとなに指示されるままになっている，いわゆるよい子が，後に心身の困難を呈するのは，自分の欲求を殺して静かにしていた，無理によります。

　子どもの心身の健康は，おとなに受け入れられることによって可能になります。幼少期の子どもにとって何よりも重要なのは，身近なおとなとの安定した関係なのです。

　保育カウンセラーが子どもと保護者の関係を理解するためには，日ごろ親しく接している保育者からの情報も大切ですが，保育カウンセラー自らが，送り迎えのときの親子の様子や，子どもの友だちや保育者との関係，子どもの描く絵に関心を向ける等によって，一人ひとりの子を理解します。

　保護者が子どもへの理解を深めるために，保育カウンセラーは「講演会」や「クラス懇談会」で話したり（図1-1），定期的に「カウンセラー通信」（図1-2）を発行するなど，働きかけます。保育カウンセラーの「父親の役割」についての講話によって，父親が自覚する機会は，母親たちからも歓迎されています。

　また，送り迎えのときには，保護者がカウンセラーに声をかけやすいように

図1-1 クラス懇談会

日野市立第七幼稚園提供

配慮します。しかし，カウンセリングは「受け身的・中立的な態度」が基本なので，カウンセラーは出過ぎないように気をつけねばなりません。

（4）子育て支援に携わる専門家間の関係

　子どもを育てている保護者が熱心に取り組んでいるつもりでも，子育てがうまくゆかないことがあります。自分の背中を直接見ることができないように，関係が近いと盲点があるのです。そのような理由から，ありのままを観察している保育カウンセラーの知見が，意味をもちます。

　「子育て支援は，子どもと子育て中の人への愛があるならば誰にでもできる」と思い込んでいる人がいますが，幼少期に傷ついてしまった子どもの心身とたましいとを癒すためには，訓練を受けている専門家の関与が必要なのです。

　幼稚園や保育所に勤務する保育者も，子どもにかかわる専門家ですが，保育者と保育カウンセラーには違いがあります。保育者の任務は，多くの子どもたちに注意を注いで指導することであり，一方，保育カウンセラーは，専門的な対応を必要とする子ども一人ひとりに，アセスメントに基づいてかかわります。かかわるということは，子ども自身に直接関与する場合もありますが，乳幼児の多くの場合，保育カウンセラーは保護者や保育者に対して子どものこころを

俊子の部屋（子育ての知恵）No.11

平成27年3月20日
日野市立第七幼稚園

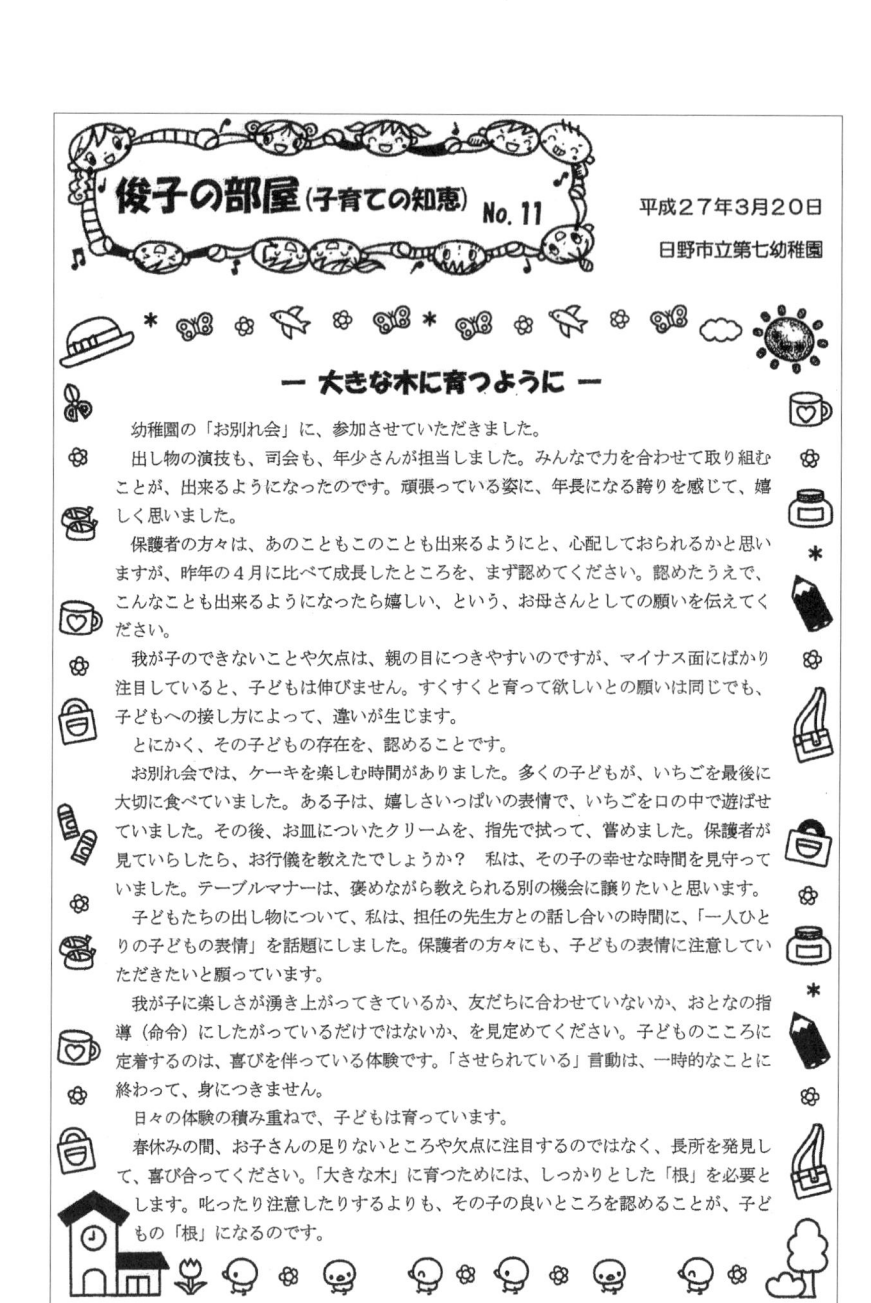

－ 大きな木に育つように －

　幼稚園の「お別れ会」に、参加させていただきました。

　出し物の演技も、司会も、年少さんが担当しました。みんなで力を合わせて取り組むことが、出来るようになったのです。頑張っている姿に、年長になる誇りを感じて、嬉しく思いました。

　保護者の方々は、あのこともこのことも出来るようにと、心配しておられるかと思いますが、昨年の4月に比べて成長したところを、まず認めてください。認めたうえで、こんなことも出来るようになったら嬉しい、という、お母さんとしての願いを伝えてください。

　我が子のできないことや欠点は、親の目につきやすいのですが、マイナス面にばかり注目していると、子どもは伸びません。すくすくと育って欲しいとの願いは同じでも、子どもへの接し方によって、違いが生じます。

　とにかく、その子どもの存在を、認めることです。

　お別れ会では、ケーキを楽しむ時間がありました。多くの子どもが、いちごを最後に大切に食べていました。ある子は、嬉しさいっぱいの表情で、いちごを口の中で遊ばせていました。その後、お皿についたクリームを、指先で拭って、舐めました。保護者が見ていらしたら、お行儀を教えたでしょうか？　私は、その子の幸せな時間を見守っていました。テーブルマナーは、褒めながら教えられる別の機会に譲りたいと思います。

　子どもたちの出し物について、私は、担任の先生方との話し合いの時間に、「一人ひとりの子どもの表情」を話題にしました。保護者の方々にも、子どもの表情に注意していただきたいと願っています。

　我が子に楽しさが湧き上がってきているか、友だちに合わせていないか、おとなの指導（命令）にしたがっているだけではないか、を見定めてください。子どものこころに定着するのは、喜びを伴っている体験です。「させられている」言動は、一時的なことに終わって、身につきません。

　日々の体験の積み重ねで、子どもは育っています。

　春休みの間、お子さんの足りないところや欠点に注目するのではなく、長所を発見して、喜び合ってください。「大きな木」に育つためには、しっかりとした「根」を必要とします。叱ったり注意したりするよりも、その子の良いところを認めることが、子どもの「根」になるのです。

図1-2　保護者への保育カウンセラー通信

通訳する役目を担います。

　子どもの問題を暴いたり，むやみに原因を捜し出すことは，こころの専門家のすることではありません。保育カウンセリングの目的は，子どもの現状の理解のみならず，その子の伸びゆく可能性を見出して，実現に向けて，おとなたちが努力することなのです。ありのままの子どもを観る観察眼と，成長に向けての対応とを，研鑽し続けているのが，保育カウンセラーなのです。

　保育者・保育カウンセラーなど子どもとかかわる専門家は，たがいに知恵を出しあって，子どもと家族にかかわります。

3　子育て支援のための保育カウンセリングの実際

（1）発達の理解

　一人ひとりの子どもを理解するためには，先人たちによって積み重ねられた発達に関する知識を要します。発達心理学などを学び，一般的な発達の道筋を理解し，その知見に照らして，一人ひとりの子どもの特有な発達を見定め，配慮すべきことを明らかにします。平均的な数値を絶対視するのではなく，その子の特徴を深く理解して働きかけるのです。はじめての土地を歩くために地図が役立つように，子どもの一般的な身体的・知的な発達に関する数値は，一人ひとりの子どもを理解するためにも必要です。けれども，地図に囚われ過ぎていたなら景色が見られないように，平均値は参考とすべき地図の役割なのです。

　また，子どもの発達を理解するためには，その子の現状だけでなく，過去を知る必要があります。しかも，その子自身のことだけではなく，生育環境の理解も不可欠です。家族関係や，その家庭が直面している社会状況，時代の特徴も，参照します。一人の子どもを理解するためには，その子自身の発育の様相はもちろんのこと，家庭や社会に関する洞察をも要するのです。

　そして，もっとも大切なことは，子ども自身の「育つ力」への信頼です。

　次に，筆者が保育カウンセラーとしてかかわった一人の男児について，プライバシーに配慮して紹介します。

その子の妊娠に気づいたとき，母親は専門的な仕事において認められ始めた時期でした。無我夢中に仕事をしていましたので，妊娠に気づいたときには，出産する以外の選択肢はありませんでした。
　望まれない胎児期を過ごしたその子は，未熟児として誕生して，退院までに月日を要しました。すぐに家に我が子が来ないことを「幸い」と感じた母親は，以前にも増して仕事に熱中しました。
　やがて，その子は退院しましたが，育児に慣れていない親に抱かれての授乳を嫌がりました。日中は保育所に預けられ，家に帰ると夜泣きが続きました。対応に不慣れな母親は，その子をうっとうしく感じました。赤ん坊との生活に慣れていない父親も，泣き声に不機嫌になっていました。
　困り果てた母親は，久々に実家を訪れて，赤ん坊を預かってほしいと頼みました。娘が実家に寄り付かないことを淋しく感じていた母親（祖母）は，孫を大歓迎して預かりました。
　やがて，その子は幼児期になって動きが活発になり，言葉で表現できるようになると，育ての親の祖母よりも両親を好むようになりました。母親も父親も，言葉で交流できるようになった我が子を，可愛く感じるようになりました。
　やがて幼稚園に入園して，我が子が他の子より静かなことに気づいた母親は，年老いた祖母による育児だったためかと不安になって，保育カウンセラーとの面接を求めてきました。訴えに耳を傾けた保育カウンセラーである筆者は，「お祖母さんからも両親からも愛されている，幸せなお子さんですね」と，母親に語りました。
　保育カウンセラーに受け入れられたことによって安心した母親は，子育てに自信をもってかかわれるようになりました。

（2）保育場面での観察
　子どもは生まれもった素質だけではなく，環境の影響を多大に受けつつ成長します。集団での生活が始まると，さらに多様な体験をします。

保育場面での例を，紹介したいと思います。

　幼稚園における保育カウンセリングの日です。
　朝の保育者のミーティングから，保育カウンセラーである筆者は参加していました。その日の保育計画が，各クラスの担任から紹介されました。次に，クラス担任から保育カウンセラーに，観察希望の園児と，保育カウンセリングを希望する保護者について説明がありました。
　朝のミーティングが終わると，保育カウンセラーは，面接希望の保護者の女児のクラスに入って，観察を始めました。その子は，登園して出席のシールを貼ってカバンを掛けるなどを終えるとすぐに，机に向かって絵を描き始めました。家族メンバーらしい複数の人物を，いっしょに描いています。友だちから遊びに誘われても簡単に応答するだけで，描き続けました。描かなくてはいられない気持ちが，ほとばしっていました。弟との間に葛藤がうかがえる，家族画でした。
　やがて，母親との面談の時間になりました。母親の訴えは，家で幼い弟を泣かせて困る，ということでした。母親としては，お姉さんらしく優しく弟の面倒をみてほしいのに，と本児に対して不満を語りました。母親の訴えを聴いているうちに，保育カウンセラーには，活発に動き始めた弟が姉の遊びにチョッカイを出す様子が思い浮かんできました。筆者は，この子の幼稚園での様子から連想して，家では絵を描くことを下の子に邪魔されてはいないか，と尋ねました。
　やがて母親は，娘を自分の妹の名前で呼んでしまうことに気づき，弟の世話をすることを求めていることに思い至りました。保育カウンセラーである筆者は，自分の妹役を娘に求めているという気づきは大切であることを伝え，その日のカウンセリングを終えました。
　その後，女児に対して年齢相応の接し方をするようになった，と母親から報告がありました。保育カウンセラーが観察した子どもの様子をもとに，母親と話しあうことによって，母親の気づきが可能になったのです。

（3）保護者への対応

　（2）で紹介した保護者のように，保育カウンセラーと話しあっているうちに自分の態度に気づくことは，健康度の高い親にみられます。カウンセラーは，自分の経験や考えを教えようとするのではなく，保護者のこころの動きを尊重します。教育においては知識や理解を教えるのに対して，カウンセリングでもっとも大切なことは，相談に来られた方が自ら気づくことです。指示したり指導するのではなく，カウンセラーは傾聴（こころを込めて聴くこと）を心がけます。相談に来られた方の話されることに関心を向けて，しかし囚われずに，開かれたこころで聴くことが，カウンセリングの専門性と言えます。

　たんに話の展開を待っているだけではなく，話を聴いているうちにカウンセラーのこころに湧き上がってきた疑問を尋ねることもありますし，感じることをつぶやくように発することもあります。

　カウンセラーが「役に立ちたい」と力み過ぎることは，よくありません。心理臨床の経験と知恵を活かしつつ，目の前の保護者を尊重します。保護者が自ら気づくことによって，子育ての課題に取り組む意欲と工夫が生まれるのです。

　そのために，カウンセラーには訓練を要します。相談に来た方（クライエント）の理解と対応を検討するカンファレンス（子どもと家庭にかかわる関係者間での会議）や，指導者に面接の実際を報告することによって理解を深めるスーパーヴィジョンや，臨床家としての自己理解を深めるための教育分析など，日ごろの訓練が不可欠です。

（4）関係者同士の協働

　一人ひとりの子どもの豊かな成長は，保育カウンセラーだけの頑張りで成し遂げられるものではありません。その子どもと家庭にかかわる関係者間の協働が，重要なのです。

　お互いの立場（専門性）による知見を理解しあうためには，開かれた姿勢でのカンファレンスが必要です。権威を主張するのでも，構造のないたんなるおしゃべりでもなく，それぞれの専門性に基づいた見解を述べあい，その子の成

長に役立つ知恵を出しあうのです。

　子どもにかかわる関係者間の信頼を基に，真に協働することこそが，保育カウンセリングの神髄とも言えます。

　筆者が保育カウンセラーとして定期的に訪問している幼稚園での，保育者とのカンファレンスについて，述べたいと思います。

　　その日の朝，保育者から「落ち着きがなくて，自分勝手な行動ばかりする」と訴えのあった年長組の男児を中心に，保育カウンセラーの筆者は，クラスに入って観察しました。その子は，さかんに何か作っています。
　　やがて，園児たちが降園した午後，保育者全員と保育カウンセラーとでミーティングが行われました（園によっては，事務や，校務職員，給食の調理士さんも参加されます）。
　　まず保育カウンセラーは，その男児の日ごろの様子を，担任の保育者に尋ねました。保育者の説明によりますと，卒園を間近に小学校入学の準備を始めているクラスで，その子は「保育者の指示に従わずに，自分勝手に色紙や空箱を使って工作をして，毎日，家に持ち帰っている」とのことです。
　　保育者の話を聴いていてカウンセラーに思い浮かんだのは，作品をプレゼントしたい人が家にいるのではないか，ということでした。そこで，保育者に家庭について尋ねると，母親が病に伏せていることがわかりました。病は重く，手伝いに来ている祖母が家事も幼稚園の送り迎えも任されているとのことです。
　　その子の工作は，母親へのお見舞いではないか，とカウンセラーは尋ねました。担任は，ハッと気づいた表情で，その子が病気の母親のことをとても心配していると語りました。その子にとっては，小学校への入学準備より，母親の病気が心配でならなかったのです。
　　担任の先生は，その子に「立派な小学生になってお母さんに喜んでもらおう」と，入学に向けての活動に誘いました。それ以来，母親へのプレゼ

ントは自由遊びのときに作り，クラスでの活動に参加するようになりました。担任にわかってもらえたその子は，落ち着いて，クラス全体の活動に取り組めるようになりました。

　子どもを理解することに努めるカウンセラーと，この時期に必要なことを身につけさせるために働きかける保育者とが，互いの知恵を合わせる協働によって，一人ひとりの子どもが育つのです。

4　保育カウンセリングのポイント ③ 子どもと生きる

(1) 発達に関する知識

　子どもたちは，発達の道筋をたどって成長します。

　専門家として子どもにかかわる者には，その子の発達史（生育歴）を把握して現状を理解するために，心身の発達に関する知識が不可欠です。ときに，専門的な知識がなくても，子どもと接することが上手な人がいます。天性の資質とも言えますが，そのような人には専門家以上に子どもへの愛とも言える豊かな感性や関心が備わっています。普通の能力の人が子どもの専門家になるためには，子どもに関する知識が必要です。心理学・医学など子どもの発達に関する知識なくしては，真に役立つ子育て支援はできません。

　「知識は人を優しくする」との諺があるように，人にかかわる者にとって，知恵となる知識は不可欠なのです。心理学や医学だけではなく，ときに小説や，児童文学，芸術作品を通して，発達の道筋や家族力動の理解が深まることもあります。

　専門家として，客観性のある判断をするために，子どもの姿を映す鏡となる知識が不可欠なのです。子どもの発達の背景としての，家族力動や経済的な状況なども，理解する必要があります。

　発達に関する知識を身につけるために講義を聴いたり本を読むことが求められますが，試験が終わると消え去ってしまう知識では，役に立てることはできません。まさに生きているその子を理解するための知識こそが，必要なのです。

（2）共感的な理解

カウンセリング関係にもっとも重要なのは，共感的な理解です。

どんなに知識や経験が豊かであっても，共感性が乏しかったなら，人にかかわる任務には向きません。

事例を理解するために話しあうカンファレンスでは，事例の理解だけでなく，参加者同士の連帯を深める共感性が求められます。人にかかわる任務において研鑽を重ねるのは，共感的な理解を深めるためです。事例検討の機会は，まさに生きているクライエントに共感的であることへの，訓練の場と言えます。

共感性を育てる訓練として，センシティビティ・トレーニングという方法もあります。自分への囚われから放たれて，その場に共存している他者に深い関心を向け，そのとき・その場をともに生きる，訓練です。自然豊かな場所に泊まり込んで，寝食をともにし，お互いの共感性を磨きあうことを目指します。座禅などによって道を深める訓練とも共通性はありますが，センシティビティ・トレーニングは臨床心理学に基づく訓練方法です。

他者に共感的にかかわるためには，訓練を要するのです。

（3）子育て支援のための協働

子どもの成長に関する知識，対人関係の理解，働きかける技術，共感性など，子育て支援に携わるために身につけておかなくてはならないことは多々あります。もっとも重要なのは，子どもが育つことに関与する喜びと熱い想いです。子どもたちが健やかに育つために手伝えることがあったならかかわりたい，という熱意が，生きた人間に関与する仕事には不可欠なのであります。

世の中には子どもの好きな人，子どもにはあまり関心のない人，子どもの嫌いな人，など様々います。「好きこそ物の上手なれ」の諺のように，子ども好きな人は子どもと触れあうことに努力を惜しまず楽しめるので，子育て支援に向いていると言えます。

自分に与えられている時間を子育て支援に用いたいと願うなら，その道を極める（プロになる）という決意が必要です。子ども時代は自分も通って来たし，

子どもは小さいから扱いが楽だろう，と安易に考えている人は，子育て支援には向きません。一人ひとり個性が違い，育つ環境も異なる，大切な子どもの成長に我が身をかけることに意義を感じることこそ，子育て支援の資質と言えましょう。
　と言って，狭い考えで選択した道であると，困難に直面すると避けたくなって，持続しません。子育て支援には，真摯さと同時に，ときにユーモアや，ゆとりも求められるのです。子育て支援に携わる仲間を大切に，たゆまない努力を厭わないことこそ資質である，とも言えます。人と人とは支えあって生きている，と言われるように，子育て支援も，一人の力で成し遂げられることではありません。
　子どもたちが伸びやかに育つために，専門的にかかわる者に必要なことは，発達の知識だけではなく，社会状況の理解や，連携の力，そして何よりも，精神的な安定が必要なのです。

（4）子どもとともに生きる
　この世での1回限りの人生を，自らを活かして歩むことは，生きる喜びであります。子どもの存在とは遠い生活にも，生きがいはあります。人間の生きようは，じつに多様です。
　子どもとともに生きることは，けっして楽しいだけではなく，こころをわずらわせることもある，という決意を要します。どんなに困難であっても，子どもとの交流に生きがいを見出せるのは，子どもが未来の担い手であるからです。
　我が国の過去においてそうであったように，現在でも自分の人生を選択することの不可能な国々があります。未来を担う子どもたちとともに生きることのできる我が国の現状を感謝して，子どもたちの成長を見守りたいものです。人生の後半期に入って心身の硬直してきているおとなたちは，子どもたちの初々しい感性との交流によって，再生が可能になるのです。

5　子どもの宇宙

　子育て支援に携わる人が自覚しておきたい基本的な観点について，想い巡らせてきました。

　一人ひとりの子どもと，子どもの関係者への支援に不可欠なのは，たしかな現実認識と，未来への展望をもつことであります。そして，もっとも大切なことは，自分中心の興味関心に囚われない態度と，日常的な常識（自我）を越えた深い知恵。それは，宗教性へと向かう道でもある，と筆者は考えています。

　子どもの心理臨床に長年にわたって携わっている筆者が，大切にしている文章を紹介して，本章を閉じたいと思います。

　　この宇宙のなかに子どもたちがいる。これは誰でも知っている。しかし，ひとりひとりの子どものなかに宇宙があることを，誰もが知っているだろうか。それは無限の広がりと深さをもって存在している。大人たちは，子どもの姿の小ささに惑わされて，ついその広大な宇宙の存在を忘れてしまう。大人たちは小さい子どもを早く大きくしようと焦るあまり，子どものなかにある広大な宇宙を歪曲してしまったり，回復困難なほどに破壊したりする。このような恐ろしいことは，しばしば大人たちの自称する『教育』や『指導』や『善意』という名のもとになされるので，余計たまらない感じを与える。（河合隼雄，1987，p. 1.）

〈文献〉

馬場禮子・青木紀久代（編）2002　保育に生かす心理臨床　ミネルヴァ書房

日野市立幼稚園長会 2015　子どもたちの未来のために――保育者と保育カウンセラーの二人三脚

次良丸睦子・五十嵐一枝・加藤千佐子・高橋君江 2000　子どもの発達と保育カウンセリング　金子書房

河合隼雄 1987　子どもの宇宙　岩波新書

河合隼雄　1995　ユング心理学と仏教　岩波書店
河合隼雄　2015　より道　わき道　散歩道　創元こころ文庫
日本保育学会保育臨床相談システム検討委員会（編）2011　地域における保育臨床相談のあり方——共働的な保育支援をめざして　ミネルヴァ書房
日本遊戯療法学会（編）2014　遊びからみえる子どものこころ　日本評論社
大場幸夫　2007　子どもの傍らに在ることの意味——保育臨床論考　萌文書林
大日向雅美ほか　2014　特集　子育て支援のこれから　発達，**140**，1-75.
小此木啓吾　1887　対象喪失——悲しむということ　中公新書
しまだようこ（作）井上雅彦（監修）2014　つながろう！　にがてをかえる？　まほうのくふう　今井出版
滝口俊子　1996　子どもと生きる心理学　法藏館
滝口俊子　2014　夢との対話——心理分析の現場から　トランスビュー
滝口俊子（監修）2015　心理臨床とセラピストの人生　創元社
滝口俊子・東山弘子（編）2008　家族心理臨床の実際——保育カウンセリングを中心に　ゆまに書房
滝口俊子・山口義枝（編）2008　保育カウンセリング　放送大学教育振興会
藤後悦子（編）2010　保育カウンセリング——ここから始まる保育カウンセラーへの道　ナカニシヤ出版

〈参考 DVD〉
滝口俊子（監修）2012　保育カウンセリング（心理臨床を学ぶ　vol. 14）　医学映像教育センター
滝口俊子（監修）2014　医療とスピリチュアリティ（スピリチュアルケアを学ぶ　vol. 1）　医学映像教育センター

2章
保育カウンセリングの実際

坂上頼子

筆者が保育の現場に臨床心理士としてかかわるようになり四半世紀が経ちました。これまでに保育所や幼稚園のみならず，療育教室，乳児院，児童養護施設，母子生活支援施設，子育てサロン，保健所など，多岐にわたる現場で働く保育者とかかわってきました。臨床心理士は複数の保育者が働く現場にたった一人で臨む場合が多く，そして，その場のニーズに応えるよう期待されています。しかも，要請される頻度は，年1回〜数回，多くても月に1〜2回などが現状です。1回の時間は2時間〜7時間など保育現場により様々です。まさに，一期一会の実践といえます。その貴重な出会いを大切にし，日々の子どもの保育を支えている保育者との協働を心がけて，保育の現場に入らせていただいています。地域の子育て支援にかかわる臨床心理士（保育カウンセラー）の一人として，これまでの実践を振り返りながら，保育者とのよりよいかかわりについて考えてみたいと思います。

1　保育臨床とは

　保育者は子どもとかかわる専門職として，子どもの遊び環境を整えて，子どもと一緒に遊びながら，子どもの生活世界の傍らで長い時間を過ごしています。子どもの昼食や昼寝，排泄などのお世話をし，宿直のある職場もあります。子どもの成長を実感できるうれしい日々もあれば，抱っこやおんぶなどでからだのあちこちが痛む日々もあることでしょう。かかわりの難しい子どもとの試行錯誤の日々，様々な困難や葛藤場面への対応を迫られる日々，苦労が報われないと悩む日々も少なくないと思われます。個々の子どもの困難に向きあい，惑い，子どもの育ちに寄り添う保育者の営みを理解しておくことは，保育カウンセラーが保育者と協働する上で欠かせないことだと思われます。

（1）愛育養護学校は1938（昭和13）年に愛育研究所内に設けられた特別保育室に始まり，戦後の1949（昭和24）年に津守真先生の努力により再開され，1955（昭和30）年に学校教育法に基づく養護学校として東京都知事の認可を受けた我が国における先駆的な養護学校の一つです。この小さな私立特別支援学校には，障がいをもった子どものための幼／

（1）愛育養護学校幼稚部の保育に学んだこと

　私がはじめて体験した保育現場は，1980年代の東京の愛育養護学校幼稚部でした。児童学専攻の大学院実習生として愛育養護学校に入らせていただいたご縁で，その後も，毎週土曜日に保育にかかわる機会に恵まれました。そこでは，一人の子どもと出会ったら，その子とていねいにかかわる一日が始まります。子どもが自分自身の活動を展開できるように，そして，その一日を充実して過ごせるようにと，おとなが細やかに配慮してかかわります。子どもたちが帰った後は，子どもが遊んだ軌跡をたどりながら保育室やホールや園庭を片づけて掃除を済ませます。

　一日の最後には，全員集まってお茶を飲みながら保育を振り返る学びの時間が始まります。今でも，思い出す一場面があります。当時の津守真校長が「今日のおやつは羊のアツモノでして……」と何やら難しい漢字の説明を始められました。「羹に懲りて膾を吹く，気をつけて召し上がれ」と校長先生にすすめられたのは美味しい羊羹でした。一日の保育を終えてほっとしたところで，校長先生のユーモアに笑いあったことが印象深くこころに残っています。このようにして始まるカンファレンスは，校長先生も担任の先生も実習生も対等に，子どもとの間で体験したことを語りあう雰囲気がありました。「おとなには価値のないように見えても，子どもが自ら始めたことにはどんなことでも，その子の成長にとって必要なことが含まれています」「子どもが今やりたいことを納得ゆくまで行うことで今日の一日が充実したものになるのです」「子どもが熱心に取り組み始めたことを自分で終わりにしたときには，そこに一つの発達の体験があるのです」という校長先生の言葉の数々は，ときを経てますます大切に思えています。

---

[1] 稚部と小学部が設置されています。「一人ひとりの子どもとていねいにかかわること」により，子どもが自信をもって自分らしく生きていけるようになることを目指している愛育養護学校では，子どもも親も教師も実習生も育っています。特別に育てにくい子どもを育てている親の成長と出発についてつづられた以下の本は，保育者や保育カウンセラーにとっては必読書と言えます。愛育養護学校（幼児期を考える会）（編）1996『親たちは語る──愛育養護学校の子育て・親育ち』ミネルヴァ書房。

はじめて体験した保育カンファレンスが，子どもの気持ちを大切に受け止める保育者のありようを考えあうものであったことは幸いでした。「保育的関係を，出会うこと，交わること，現在を形成すること，省察することの4点から考え」，「人間が育つということは，能力が増すのと同じではない」，「存在感，能動性，相互性，自我の4つの側面から子どもについて考える」という愛育養護学校の保育実践に学んだことは，保育カウンセラーとして迷うときに立ち返る私の原点になっています。

（2）入間市立保育所から生まれた療育教室に学んだこと
　埼玉県入間市公立保育所の所長会が始めた自主学習会は，かかわりの難しい子どもへのよりよい保育を考えるものでした。その会が発展して，1984年には療育教室「たんぽぽルーム」が生まれました。「たんぽぽルーム」の目的は，市内の各保育所に入所しているかかわりの難しい子どもとその家族，そして担当保育者を援助することです。参加を希望する親子と担当保育者が保健センターのホールに集い，グループによるプレイルームが毎月1回開催されました。また，心理療法士による療育相談日を隔月に設け，ホールの片隅でプレイルームの活動を見ながら保護者への個別相談が行われました。
　私は実習の立場で療育相談に陪席する機会を与えられました。保護者の困りごとに耳を傾け，わかりにくい子どもの行動の意味を考えあい，保護者とともに子どもを理解しようとする療育相談の実際は，当時の私には未知の領域でした。午前のプレイルームを終えてホールの遊具を片づけると，午後はカンファレンスの時間です。お弁当を食べながらも議論が始まる熱い雰囲気だったのを思い出します。ときには，発達の支援を巡り心理の専門家の視点と保育の専門家である保育所長の疑問とがぶつかりあう場面もありました。
　この「たんぽぽルーム」と各保育所を療育相談員が訪問する巡回相談は，保育者にとっては貴重な学びの機会でした。私もこの2つの保育現場での2年間の学びを経て「たんぽぽルーム」の療育相談員に加わりました。保育所長会が牽引したこの取り組みは発展的に拡大し，1989年には児童福祉課所管による幼

児療育相談室「のびのび教室」に，そして，2003年には新設された入間市健康福祉センター親子支援課の発達支援事業「元気キッズ」（母子通園）として現在に至り，地域に根付いています。

　以下に，私が療育相談員としてかかわった事例のエピソードを紹介します。

◆エピソード：A子（4歳・自閉スペクトラム症）の保護者相談
A子が人に身をゆだねるまで
　「スーパーでいきなり衣服を脱いでしまうので大変でした。主治医の提案で拘束衣を着せると部屋の隅にうずくまって動かなくなってしまい……」と切羽詰る相談でした。母親は「もう外には連れていけません。どうすれば脱がなくなるでしょうか」と疲労困ぱいの様子。保護者が対応に困り果てるときには，A子にとっても不安が大きいはずです。A子が少しでも安心するにはどのようにかかわればよいのかと悩みました。A子は言葉を話さず，目を合わせず，活動的で昼寝をしない，おんぶや抱っこをするとそっくり返り，衣服を着たがらず，棚や家具などの高い所に登り，おもちゃ箱をひっくり返すなど，家庭での苦労は察するにあまりある状態でした。私はA子に動作法でかかわることにしました。プレイルームで走っているA子に添って走りながら手をつなぎ，「座ります」とA子を私のあぐら座の中に抱き止めて，A子の胸に手を当てて「そう，大丈夫」と母親と向きあうように座りました。「腕を上げます」と，もう片方の手でA子の腕を持ちゆっくりと一緒に上げていきます。「1・2・3・4・5・6・7・8・9・10，そうです」と数を数えながら真上で一度止めてから，「バックオーライ，1・2・3・4・5・6・7・8・9・10・はい終点」と一緒に腕を降ろしました。続けて同様に2度目を行うと，A子は自分（A子）の腕を見てその動きを目で追いました。3度目には，自分の腕を見上げた先の私を振り返り，一瞬目を合わせました。「バックオーライ，1・2・3……9・10，はい終点」とゆっくりと一緒に腕を降ろすと，A子の背中が私の胸にふっと寄りかかりました。正面で見ていた母親は「上手ね，まったりした顔です」と言いながら「あら，眠そうな感じ，寝ちゃいました」と驚いた表

情です。いつも昼寝をしないＡ子が，午前中にもかかわらず私のあぐら座の中で身をゆだねて寝てしまったことに，私も驚きました。

緊張をゆるめる体験

　起きているときのＡ子はまるでアクセルを踏み続けているような動きの連続ですが，その動きを自分ではコントロールできずに疲れていたのかもしれません。抱っこやおんぶではそっくり返るＡ子でしたが，私のあぐら座の中でからだをしっかりとホールドされる体験は，むしろ安心につながったようです。一緒にゆっくり動かした腕の感じはＡ子には少なくとも不快ではなかったようで，２度目のときには不思議そうに自分の腕を注視し，３度目には私の目をちらっと見ました。そして，腕を降ろすと同時に背中の力をゆるめました。

　このような動作による援助で，Ａ子自らが緊張をゆるめる体験をしました。安心して緊張をゆるめることができると，人は覚醒水準が下がり眠くなります。すなわち，交感神経が優位な緊張モードの状態から，副交感神経が優位なリラックスモードへと生理的変化が起きるからです。外界への安心を少しは取り戻したのか，その後のＡ子は不思議なことに服を脱がなくなりました。

❖エピソード：Ｂ夫（３歳・知的能力障害）の保育観察

終わりのタイミングは自分で決める

　Ｂ夫はまだ言葉を話しませんが，関心をもったことには寡黙な研究者のように熱心に取り組みます。子ども用のおもちゃよりも本物の道具に関心があります。朝早く来室したＢ夫は保育室の引き戸に関心をもちました。大きな吊り引き戸はスーッと自動的に静かに閉まります。その動きをじっと見て，戸袋からスーッと引き戸が出てくることに気づいたようです。戸袋の奥をのぞき込みながら，引き戸が出てくる様子を熱心に観察しています。Ｂ夫の身長の３倍もあるような大きな一枚戸を動かそうと，足を踏ん張り引き戸に両手を張り付けてスライドさせるように押し動かしています。戸袋の奥を見つめながら引き戸をゆっくりと奥まで入れて手を離すと，スーッと出てきます。戸袋の不思議に全身で取り組むＢ夫の姿に，見ている私も引き込まれます。真剣な眼差しで何度

も繰り返す姿は，まさに研究者そのものです。自分で始めたこの熱心な遊びをどのように終えるのかと楽しみに見ていました。そのとき，担当保育者が「B君，ボールプールできたよ」と呼びかけました。しかし，B夫は吊り引き戸に取り組んでいます。保育者の呼びかけに応えたのは母親でした。B夫を後ろからさっと抱き上げてボールプールに入れました。すると，B夫はあわてて背丈ほどもあるボールプールの囲いを乗り越えて引き戸に戻りました。この日のB夫はいきなり中断されてもパニックになったり諦めたりしませんでした。まもなく，スーッと閉まった引き戸を確認すると，くるりと振り向いていい表情でピョンピョン飛び跳ねました。それから，ゆっくりと周りを見渡してから大好きなボールプールに入りました。

子どもの思いに気づくために

　子ども自身が決めるこのタイミングを大切にしたいと思います。自分が興味をもったことに集中して取り組み，納得できて満ち足りたときに，子どもは自分でその遊びを終わりにします。B夫のからだが飛び跳ねたのは，能動的に何かを極めた満悦の心の現れのようでした。自分で終わりにするところに自我の育ちゆく姿が見られます。B夫の好きなボールプールを準備して呼びかけてくれた保育者への気遣いもあり，楽しく遊ばせたいと思う母親のタイミングでよかれと思ってする行為の中には，このような「よかれ違い」がときどきあります。子どもの自我の育ちを妨げることにもなりかねません。

　保育の場におけるおとなの「よかれ違い」を省察するには，スタッフミーティングが欠かせません。一日の保育を振り返る中で，子どもの思いに気づかされて理解が深まります。子どもが繰り返し行う行為の意味を考えるプロセスは，保育する側のおとなも成長していくプロセスに重なるものと信じています。

2　保育カウンセラーの役割——東京都日野市保育カウンセラー事業

　日野市立幼稚園の園長会は2004（平成16）年度文部科学省の「新しい幼児教育の在り方に関する調査研究」に取り組む中で，2005年に保育カウンセラーを

導入しました。そして，文部科学省の研究事業終了後も市の事業として継続していることが日野市保育カウンセラー事業の大きな特徴の一つです。特徴の2つ目は，公立の小・中・高等学校にはスクールカウンセラーが配置されていますが，公立幼稚園に臨床心理士の資格をもつカウンセラーを配置したのはわが国では日野市が最初だということです。特徴の3つ目は，日野市教育委員会は公立幼稚園全5園のみならず，希望する私立幼稚園9園にも行政の縦割りをこえて保育カウンセラーを派遣するという画期的な事業だということです。

（1）保育者と保育カウンセラーの二人三脚

　2015（平成27）年3月，日野市立幼稚園長会は「保育カウンセラー10周年記念誌～子どもたちの未来のために」を刊行しました。2004（平成16）年度から保育カウンセラー事業を牽引してきた滝口俊子保育カウンセラーと園長会とが中心になり各園の実践をまとめたものです。この先駆的な事業に保育者と保育カウンセラーとが二人三脚で取り組み，日野市の子どもたちの健やかな成長を願い努力しているところです。一方で，滝口は保育カウンセラーの資質向上を図るべく日本臨床心理士会保育臨床専門部会長として保育心理臨床研修会を毎年企画し，全国の臨床心理士に学びの機会を提供しています。

（2）保育カウンセラーの5つの役割
①保育の観察

　園全体の雰囲気，一人ひとりの子どもの様子，子ども同士の関係，子どもと先生とのかかわりを観察します。ときには，子どもに関与しながらの観察となる場合もあります。葛藤場面における子どもの思いや，わかりにくく受け入れがたい行為の背後にある言葉にならない子どもの思いを汲み取りたいと努めています。幼い子どもは身近なおとなに自分の思いを受けとめられることで，自分の存在感を確かなものにしていきます。

②保護者の個別相談

　保護者自身が個別相談を希望する場合と，園長や担任が保育カウンセラーを紹介する場合があります。１回40〜50分の相談です。相談内容は，子育てに関する悩み，きょうだいに関すること，発達に関すること，保護者自身の悩み，子どもの友だち関係，就学について，などです。保護者相談に臨む前に子どもの園生活の様子を見ておくことができますし，個別相談を踏まえて子どもを見守ることを約束するなど，保護者の安心をサポートするよう心がけています。

③保護者を対象にした活動

　幼稚園が企画する講演会や懇談会は，保護者が保育カウンセラーを知る機会となっています。また，「子育てストレスへのリラックス法」のグループ活動においては，保護者をねぎらい，こころにゆとりが生まれるようにと応援しています。

④保育カンファレンス

　一日の保育を終えた後で，保育者と保育カウンセラーとでその日の保育を振り返ります。子どもの様子について，わかりにくい行為の理解に努め，子どもとのかかわりで工夫できることなどについて話しあいます。

⑤地域の子育て支援

　幼稚園では未就園児対象の保育グループや公開保育の日を設けており，地域の子育て支援のセンター的役割を担っています。保育カウンセラーも在園児の保護者のみならず，地域の保護者の相談にも応じています。

❖エピソード：担任との連携（年中女児Ｃ子の食行動）
ごはん粒を一粒だけ食べた

　４歳児クラスでの給食時のエピソードです。この園では日替わりでお弁当の日と給食弁当の日があり，その日は給食弁当の日でした。おしゃべりに夢中な

子，黙々と食べる子，ゆっくりゆっくり食べる子など，テーブルごとの食事風景はそれぞれにユニークです。ふと気づくと，物憂い表情をしたＣ子がお弁当に手をつけていません。子どもたちがお弁当箱を片づけ始めるころになって，Ｃ子はおもむろにごはんを一粒だけ口に入れ，お弁当のふたを閉めました。そして，そのお弁当箱を先生に見せに行きました。給食の時間が終わると，園庭に出て行く子どもたちにつられてＣ子も靴箱まで行きましたが，クラスの方を気にしています。靴箱とクラスとを行ったり来たりしながら，ひたすら先生を待っているようでした。私はＣ子のそばで「先生と一緒にお外に行きたいね」とつぶやくと，Ｃ子はまばたきもしない目で私を見て，そしてクラスに入って行きました。まもなくＣ子が先生と手をつないで一緒に出てきました。表情も表現も乏しいＣ子が自分の思いを叶えた瞬間でした。

降園後に部屋の掃除をしている担任に，靴箱とクラスの間を行ったり来たりしながら担任を待っていたＣ子の様子や，ごはん粒を一粒だけ食べたことなどを話題にすると，「今日は見事に残しましたねえ。Ｃ子はママのお弁当が大好きなんですよ」と，Ｃ子の行為をおおらかに受けとめていることがわかりました。

<u>安心感を育むためのかかわりから</u>

本来，給食の時間は空腹を満たす楽しみな時間のはずですが，食の細い子や嫌いなものが多い子にとっては気の重い時間のようです。食行動が外の物をからだの内に取り込むという行為であることに象徴されるように，外界を安心なものと思えないときや受け入れがたい思いがしているときには，食行動においても飲み込みがたい心境になるのは，子どももおとなも同じです。人前では食べられない子，小食や偏食の子，なかなか飲み込めない子など，食行動に問題が現れている子どもには，まずは，安心感を育むためにその子とていねいにかかわることが近道といえるでしょう。その結果，いつの間にか食行動が改善されていきます。一月後，お散歩の最前列で先生と手をつないでいたＣ子はとてもいい表情でした。先生との安心感を基盤にして，友だち関係や食事にもいい影響が期待できる表情でした。

❖エピソード：担任からの相談（5歳男児）
腹が立ったときは水を飲む
　担任から相談を受けたのは，友だちに対して言葉より先に手が出てしまうD夫についてでした。「叩かないで言葉でちゃんと言わないと友だちがいなくなっちゃうよ」と何度言い聞かせても手を出すので，友だちがD夫から離れていっているということでした。その日はD夫の様子を見てほしいというので，園庭で鬼ごっこをしているD夫たちの遊びを観察することになりました。
　数人の子どもがD夫を囲むように集まったかと思うと一斉に駆け出しました。D夫は逃げるみんなを追いかけましたが追いつけず，足元の砂をつかんで投げました。「投げちゃいけないんだよー」と遠くではやし立てる子どもたちに向かってD夫は立ちつくしています。両手を握りしめてからだ中に力を入れて仁王立ちです。私は静かにD夫に近づいて様子を見ると，握りしめた手が震えていました。D夫の今の気持ちを察しながらそっと後ろにしゃがんで「悔しいよね」とつぶやくと，D夫は首を横に振りました。頬を伝う涙が見えたので「悲しいね」とつぶやくとまた首を振りました。「腹が立つね」とつぶやくと，ようやく肯いて私を振り返りました。「腹が立ったときはどうしようか？」とD夫に問うと「水飲む」と言うので，「そうね，水飲みに行こう」と水道の所に走って行き一緒に水を飲みました。「ああ美味しいね」と2人で縁石に座ってひと休みしました。
感情を受けとめること
　腹立ちや怒りなどのネガティブな感情が生じたとき，その感情をコントロールできずに腹立ちまぎれに人や物に八つ当たりしてしまうことは，おとなにも見られることですが，幼い子どもにもありうることです。しかも，そのことで友だちから責められたり，おとなからさらに叱られたりと否定的な眼差しにさらされることが繰り返され悪循環になりがちです。自我の危機でもあり，自己肯定感の危機でもあります。まさに，D夫を巡って悪循環が起きていました。
　私はD夫に生じているネガティブな感情を正しく受けとめようと試みました。様々なネガティブな感情があり，思いを正しく汲みとることは難しく，3度目

にしてようやく当たりでした。腹が立っているという感情を明確化できただけで，からだに入っていた緊張がふっとゆるみました。そして，声をかけた人を振り返るこころのゆとりが生じました。さらに驚いたことに，D夫自らが「水飲む」という望ましい対処行動をとったのです。こうして自分で自分の感情をコントロールすることができました。私はD夫に感心して「なるほど，腹が立ったら水を飲めばいいんだね」と言いました。自分の行動を肯定的に照らし返してもらうことは自信につながり，自己肯定感を育てることになるでしょう。回り道のようですが，このようにD夫へのポジティブなかかわりをていねいに行うことで，悪循環から抜け出すことができそうに思えました。このことを担任に伝えますと，「そういえば，いくら言い聞かせてもダメなので私自身がイライラしてD夫に否定的な気持ちになっていました」と苦笑されました。担任はその後，ポジティブな言葉とかかわりを意識して心がけたそうで「D夫のことがかわいくなってきました」と報告してくださいました。その結果として，D夫が巻き起こすトラブルも減少しました。

3　私立保育所の園内研修

　年1回の園内研修に伺っている私立保育所があります。午前中は0歳児クラスから年長クラスまでの6クラスを観察します。事前に各担任から保育観察の要望が出され，それを参考にして各クラスで20分程度の観察を行い，最後のクラスで一緒に給食をいただきます。そして，午睡タイムに園内研修を行います。各クラスの担任は子どもたちを寝かせてから集まります。はじめは，年に一度しかない訪問で，はたして保育者のお役に立つことができるのかどうかと心配でしたが，数年も継続すると1年ぶりの訪問が楽しみになりました。子どもの1年間の成長は大きく，それを確認することができます。毎日かかわっている保育者の目には見えにくい1年分の子どもの成長を確認することが，保育者の苦労をねぎらうものとなるようにと心がけています。以下は職員の感想です。
・子どもたちの気になる姿を資料に記しましたが，わずか1～2か月でも成長

発達していることに改めて気づきました。保護者へのアドバイスの参考にしたいと思います。これからも大きくなっていく様子を見守っていただきたいと思いました。(0歳児クラス担任)

- 日頃の保育をふり返るとても良い機会となりました。子どもたちの姿や行動にはひとつひとつ意味があり理由があることを改めて感じました。子どもたちの行為を受けとめながらていねいに関わるよう心がけていきたいと思います。(1歳児クラス担任)
- 全体の話を聞けたことで他のクラスの子どもの様子を深く知る機会となり勉強になりました。(2歳児クラス担任)
- 普段気づけない視点からのアドバイスや配慮の仕方などを学び,励みになりました。入園してから成長してきたところを改めて感じることができました。(3歳児クラス担任)
- 毎年資料を出している子を4年間継続して見ていただいたことで,成長して落ち着いた姿を改めて確認することができました。保護者対応についてのアドバイスも実践につなげていきたいと思います。(4歳児クラス担任)
- 他のクラスの話も聞けて細かく勉強ができて参考になりました。質問の時間が少なくて残念でした。(5歳児クラス担任)
- 子どもたちを毎日近くで見ていると分からないような成長の様子を聞くことができました。また,保育士さんの仕事の大変さを話して下さり参考になりました。(調理師)
- 支援の必要な子どもと保護者に対して,適切なアプローチをする上での学びになりました。(看護師)
- 各クラスで感じていたり困っていたりすることに対して専門的な視点からの意見が聞けてよかったと思います。(事務員)

4 地域の子育てサロン・避難所での支援

(1) のんきサロンぶひぶひ（東京都西多摩郡）
①「のんきサロンぶひぶひ」の実践

　2007年，元ころりん村幼児園教諭の篠木里恵さん（通称ブービー）が地域の若い母親たちを応援するために「のんきサロンぶひぶひ」を開設しました。山あいの民家を借りて運営するサロンでは，手作りケーキとコーヒーなどが用意されています。週2回開かれるこのサロンを盛り立てているのは，篠木さんを慕う元幼稚園ママたちです。イライラして子どもを叱ってしまうことに悩む若い母親も，ほんのひとときゆっくりとお茶を飲むことで，ゆとりを取り戻すことができるようです。豊かな自然の中でのんきに過ごし，山道を散歩したり，川で魚を捕まえたり，田んぼで小さな生き物に出会ったり，井戸水をくみ上げて遊んだり，木陰のハンモックで揺れたり，ドラム缶風呂に入ったり，こうした時間の中で子どももおとなも元気になっていきます。サロンのスタッフ一同は「子どもの傍らにいるおとなたちがもっとおおらかで，のんびりと，あたたかくなるように，そして，子どもの自ら育つ力を信じられる人や応援する人が一人でも増えるように」と願って活動しています。

　サロンに参加した保護者の声を紹介します。

- 子育てをしている中で「早くしなさい」とイライラしたり，怒りっぽくなったりしますが，のんきサロンに行くと，こころに余裕ができるのか気持ちが楽になります。
- いつも楽しみにしています。のんきサロンはのびのびしていて，家ではできないことができるので感謝しています。子どもを遊ばせに来るつもりが，今では私の「癒しスポット」となっています。これからもずっと続いたらうれしいしありがたいです。
- 親元から遠く離れ，頼る人もいない中での子育てで気分が落ち込み気味のときに，のんきサロンを知り通うようになりました。同じ世代のママさんたち

と話したり，子どもと山歩きなどをしたりすることが，本当に自分にとっての救いになり気分転換となって，子育てを頑張ろうという気持ちになりました。これからもこころの洗濯，そして自分の元気を取り戻す場所として通わせていただけたら嬉しいです。

② 「のんきサロンぶひぶひ」ができるまで

ころりん村幼児園時代，篠木さんは，子どもと本気で遊ぶ保育者でした。子どもたちは篠木さんを「ブービー！」と呼び，あるときは対等にぶつかりあう人同士として，あるときには「ブービー，この人参は美味しいよ」と人参嫌いなブービーを気遣うおとなのようにつきあっていました。篠木さんは子どもから学ぶ姿勢を持ち続けている保育者でした。そんな篠木さんから保育者や保護者への支援を依頼されました。すなわち，子どもとかかわる中での苦労は保育者として何とか努力できるけれども，迷いや悩みをもつ保護者からの難しい相談が増えてきたということでした。

私は園内研修を引き受けるにあたり，園の方針や園長の信念を伺い感銘を受けたのを覚えています。園主催の保護者講座では，保護者をねぎらう「子育てストレスへのリラックス法」を体験していただきました。肩をゆるめたときのふわっとした感じが忘れられないということから「ふわっとセミナー」と名づけられた保護者グループ相談がスタートすることになりました。園の近くの公的会館を借りて毎月1回10～12時に行う自由参加のセミナーです。このグループ相談の場には保育者が交代で参加しますが，保育者にとっては保護者理解の研修になっています。保護者支援と保育者研修を兼ねている「ふわっとセミナー」は，生みの親である篠木さんの退職後も続いています。グループ相談を通して保護者同士のつながりや助けあいが生まれ，卒園児のママたちによる託児が始まりました。こうして，地域の中で先輩ママたちが現役ママたちをサポートするという子育ての新たな循環が生まれ，「のんきサロンぶひぶひ」にもつながっていきました。既成の枠に縛られずに子どもの育ちを信じている篠木さんの周りでは，子どももおとなも育っています。

❖エピソード：ブービーの由来

　篠木さんと知りあって30年になりますが，「ブービーと呼ばれているのはなぜ？」と聞いてみますと，思いがけず面白いエピソードを聞くことができました。篠木さんが最初に勤めた幼稚園を2年で辞めて，子ども主体の保育を学び直し，再就職先に選んだのが「ころりん村幼児園」でした。初出勤の日，子どもたちと早く仲良くなりたいと思い，持参したシーツをまとって園庭を走ったそうです。その姿を見た子どもたちが「ブービーだ！」と叫んで後を追いかけて走り回ったことから，勤務初日に「ブービー」という愛称がついたそうです。当時，子どもたちの間で人気だったアニメ「パーマン」に出てくるのが「ブービー」（パーマン2号）だそうで，シーツをまとって走った瞬間から子どもたちの人気者となったようです。以来，子どもからも保護者からも「ブービー」と呼ばれ慕われている篠木さんです。私は，子ども心をつかむ篠木さんのユニークな発想力に感動しました。

❖エピソード：お芋掘り〜若きブービーの大失敗〜

　お芋畑に到着した子どもたちはどこから掘ろうかと畝の間を歩いて見て回り，つるや葉っぱをかき分けながらそれぞれの場所でお芋掘りを始めました。中には，お芋掘りの途中でつるや葉っぱで遊んでいる子もいます。E君は最初から最後まで黙々と掘り続けて袋に入りきらないほどの量を収穫しました。

　園に帰ると，ブービーはその日お休みだった3人の子どもの空っぽの袋を見せてクラスの皆に「どうしようか？」と相談を持ちかけました。すると，「私の分けてあげる」とお芋を差し出す子がいました。「僕のもいいよ」と袋にお芋を入れてくれる子にブービーは「ありがとう」と言いながら受け取りました。少ない中から惜しげもなく友だちにあげようとする子もいるのに，一番たくさん収穫したE君は黙ったままです。「休んだお友だちに少し分けてもらえる？　きっと喜ぶよ」と促しても，E君は返事に困り黙っていました。ブービーはE君が人に分けられる子になってほしいと思いさらに働きかけると，E君はしぶしぶうなずきました。これで一件落着とばかりに，子どもたちは遊び始めまし

た。しかし、E君は遊びに行こうともせず一人ぽつんとクラスに残っていました。
　しばらくしてE君のその姿に気づいたブービーがそばに行くと「僕が掘ったお芋を全部お母さんに見せたかった」とE君は泣きだしました。ブービーはE君の言葉を聞いて頭をガーンと殴られた思いがしたと言います。「そうだったの、ごめんね。ブービーが間違ってた、本当にごめんね。こんなにいっぱい掘ったよって、お母さんに見せたかったのね。わかった、ブービー今から集めて来るから」とこころから謝ったといいます。でも、E君を欲張りと思ってしまったことは、いくら謝ってもお芋を返しても取り返しがつかない気がしてブービーは落ち込みました。
　その日のカンファレンスでこの一件について皆で考えました。保育者は保護者を意識して、子どもが持ち帰るお芋の数にあまり差が出ないようにしたいという思いに囚われていたことに気づきました。E君の気持ちを知った後に、他の子どもたちにも収穫したお芋の数についてその思いを尋ねたところ、それぞれに自分の考えがあってのことだとわかりました。袋にたった3本しか入っていない子は「お父さんとお母さんと私の分なの」と誇らしげに満足しています。3本がいい子には3本が、E君には一生懸命掘った証としての全てのお芋が、その子にとっての必要にして十分な数であるようです。数をそろえることが平等だと思っているおとなの考えとは本質的に異なるもののようです。一人ひとりの子どもたちの思いに見合うお芋の数が、本当の意味での平等であることに気づかされました。思いがけない失敗を通してではありましたが、ブービーにとっての収穫は大きいものでした。人の思いと思いがぶつかりあうことではじめて相手の思いに気づき自分の間違いにも気づけたこと、平等と画一についてよく考えたことなどです。ぶつかりあいや失敗を乗り越えてしか学べないものが豊かにあるところが、保育の魅力のようです。

（2）たんぽぽサロン（福島県白河市）
　元幼稚園教諭の永野美代子さんは、東日本大震災後まもなく福島県白河市で親子の居場所「たんぽぽサロン」を立ち上げて子育て家庭を応援しています。

地域の親子が元気になるようにとの永野さんの思いや，週2回の「たんぽぽサロン」に集う親子の様子をブログ「たんぽぽサロンのティータイム」で発信しています。この継続的な発信力により，たんぽぽの綿毛が日本全国に，さらに海外にまで届き，「たんぽぽサロン」の親子に温かい支援が届いています。

「たんぽぽサロン」で元気を取り戻した親たちは，たんぽぽサロン被災者向け支援実行委員会としてイベントを企画し主催するまでになりました。

2012年秋のイベント「ひとりじゃないよ」では，子どもたちは「保育コーナー」で遊び，保護者はキルト作家による「ミシン体験コーナー」で作品を作り，私は「子育てママのリラックス法コーナー」で保護者をねぎらうひとときを提供しました。県外に避難していた保護者がこのイベントのことを知り，1年半ぶりに白河のママ友と再会を果たし，互いに涙が止まらない姿に接して，胸が詰まる思いでした。

2013年秋の「しぜんとあそぼう」は，屋外で思うように遊ぶことのできない福島の子どもたちに季節を実感してもらう体験イベントでした。会場の白河市中央体育館には多くの親子が訪れました。全国から送られた落ち葉やどんぐりで作ったプールで思い切り体を動かし，松ぼっくりやどんぐりを使う工作コーナーで思い思いの作品を作るなど，子どもたちの歓声と笑顔が広がりました。困難な状況にあっても子どもたちが健やかに育つようにと支えあいの輪が広がり，支えあうおとなたちが育ち，地域が育っています。

2014年3月にはサロンの引っ越しがあり，それを機に数名のママたちが永野さんとともに「たんぽぽサロン」再スタートの運営に加わりました。11月のイベント「たんぽぽサロン秋まつり」（たんぽぽサロン被災者向け支援実行委員会主催，白河市で子育て中の親子の交流会）には，震災後の3年半の間につながりあった地域の人たちや全国の支援者たちの思いが集まりました。プール用の安全な落ち葉，工作コーナーのさまざまな木の実，温かい味噌汁の材料（新鮮な無農薬野菜，無添加味噌，無添加いりこ）などが段ボール箱でたくさん届きました。こまめなブログの発信により多くの人の思いが届き，「たんぽぽサロン」の親子を勇気づけています。

（3）双葉町住民の二次避難所における支援
①子どもに遊びを，保護者にねぎらいを

「2011年3月11日14時46分に発生した東日本大震災により，東京電力福島第一原子力発電所の原子炉1～3号機は緊急停止。その約50分後に津波が発電所を襲い，甚大な原発事故につながる。12日15時36分に1号機で爆発が発生し，政府は12日18時25分，半径20 km以内の住民に避難を指示。

3月19日，約1,200人の双葉町被災住民は役場の機能とともにさいたまスーパーアリーナへ集団避難。」

このただならぬニュースが流れ，翌日の3月20日，4人の臨床心理士でさいたまスーパーアリーナへ向かいました。非常事態のアリーナに多くのボランティアが集い混乱していました。私たちは乳児を抱えた家族のために，ミルクと沐浴の案内をし，着替えの衣類を年齢別に整える保育班ボランティアとして働きました。そして，臨床心理士仲間に応援を頼み，翌日からのシフト表を作り，3月31日に埼玉県加須市にある廃校（旧 埼玉県立騎西高等学校）へ再移転・移動となるまでのべ50人余りの仲間で緊急支援を続けました。

6月，東京から新幹線で郡山に行き，磐越西線に乗り換えてリステル猪苗代（リゾートホテル）に向かいました。県内に一次避難していた双葉町住人が二次避難所リステル猪苗代に集団移転し，多いときで約800人が避難生活を送っていました。大きなリゾートホテル入口の看板や掲示物などから，双葉町役場支所が置かれている現実が伝わってきました。折りたたみ机とパイプいすのみの役場スペースの背後にある，衝立で仕切りブルーシートを敷いた狭い空間が「親子遊び」のスペースでした。

福島県臨床心理士会からの臨床心理士1名と白河市の保育者2名と私は初対面でしたが，はじめての「親子遊び」を協働して行いました。大震災の恐怖，度重なる避難，制限の多い避難所生活など，生活基盤の激変を生き抜いてきた子どもたちに，遊びという子ども本来の営みを提供する保育士の工夫ある奮闘ぶりに引き込まれました。不安のためか注意があちこちに向いていた子どもも，やがて遊びの楽しさに引き込まれて「もう一回」とリクエストする姿を見て，

保護者に笑顔が戻りました。

　避難生活で子育てする保護者のご苦労は察するに余りあり，痛みを伴う肩こりに凝縮して現れていました。私からは動作法による「肩ゆるめ」を体験していただきました。自分の肩に注意を向けてゆっくりと動かし，力みをゆるめることができると，肩の感じが変わってきます。肩が楽になることで，こころにほんの少しのゆとりができ表情が和みました。限られた時間の中でのささやかな支援でしたが，ほんの少し保護者をねぎらうことができたようです。

　②支援者が活用できるセルフ・ケア技法
　❖エピソード：保育者をねぎらう動作法
　はじめての親子遊びを終えて，保育者2人と一緒に昼ご飯を食べに行きました。注文をした後で，保育者の一人（のちに「たんぽぽサロン」を立ち上げた永野さん）が「食べ物がのどを通らない気がする」と言いました。狭いスペースで怪我がないようにと，子どもの動きに気を配り続けた緊張の2時間だったようです。「あれをやってみたい」とのリクエストで，「肩ゆるめ」をていねいに援助しました。すると，入りっぱなしだった緊張をゆるめることができたようで，「おなかがすいてきた，食べられそうな気がする」と回復しました。県内支援者の疲労は大きく，支援者への支援も必要だと痛感した次第です。

　福島県内で「親子遊び」の支援を続ける中で，保護者のみならず保育者や保健師などの支援者を支援することも大事にしたいと思うようになりました。子育て支援においては子どもを抱いたりおんぶしたりすることが多く，肩こりや腰痛などになりやすい職種だからです。惨事ストレス状況においては，それぞれが簡単なセルフ・ケアを心がけることが大切ですが，県内の支援者は，どうしても自分自身のからだのケアは後回しになっていました。多忙な日常にこそ活用できるように，簡単なセルフ・ケアの技法を今後も伝えていきたいと思っています。

5　子育て支援における保育カウンセラーの役割

　幼稚園・保育所・子育てサロンにおける子育て支援は，幼稚園教諭や保育士が中心になって活動している場に臨床心理士が入らせていただく形がほとんどです。そのため，保育カウンセラーの仕事は保育者との連携・協働で成り立っているといえます。被災地における子育て支援においては，保育者，保健師，栄養士，医師，看護師など，他職種の方々とのコラボレーションに，臨床心理の専門職として寄与することが求められています。しかしながら，その場の状況によっては，まずは目の前の被災者に必要な生活支援を行うことが大切になる場合もあります。臨機応変に対応する社会性と，保育カウンセリングの専門性とを磨き続けたいと思います。

〈文献〉

ころりん村幼児園（編）2000　ころりんみんなパワー全開　百水社

大場幸夫　2007　こどもの傍らに在ることの意味――保育臨床論考　萌文社

大場幸夫・山崖俊子（編）1993　保育臨床心理学　ミネルヴァ書房

坂上頼子　2008　保育カウンセリングの実際・日野市の場合　滝口俊子・東山弘子（編）家族心理臨床の実際――保育カウンセリングを中心に　ゆまに書房　pp. 83-97.

坂上頼子　2010　イライラしたときどうする？　かけはしストレスマネジメント研究会

坂上頼子　2012　保育カウンセリング　村山正治・滝口俊子（編）　現場で役立つスクールカウンセリングの実際　創元社　pp. 234-245.

坂上頼子　2013　親子あそびと親ミーティング　福島県臨床心理士会東日本大震災対策プロジェクト（編）　支援活動報告書（2011年3月～2013年3月）ユニセフ協会　p. 50.

坂上頼子　2015　子育て支援・保育支援のコミュニティアプローチ　倉光修（編）　学校臨床心理学・地域援助特論　放送大学教育振興会　pp. 240-257.

津守真 1987 子どもの世界をどう見るか――行為とその意味 日本放送出版
山崖俊子（編）2001 乳幼児期における障害児の発達援助 建帛社

トピックス　家庭生活で感じる子どもの変化 ① 与えすぎないことの大切さ

「子どもの幸せを願う。」それは多くの親が抱く感情です。では，子どもの幸せとはいったい何でしょう？

今，世の中は物と情報があふれています。そして，その情報はすべてが適切なものとは限りません。商業主義の世の中には，子どもの物欲をかきたて誘導するような情報や，親の不安を煽るような情報があふれています。核家族化が進み，孤独に子育てすることが多い親たちが，そんな情報に振り回されずに子育てすることは本当に困難になっています。

子ども向けのテレビ番組の合い間にはかならずCMが流れ，孤独に子育てしている親たちの自宅のポストには，頻繁に，それも成長とともに現れる不安に合わせて幼児教材や通信教育のダイレクトメールが届きます。そしてほとんどの親がその情報に振り回され，与えることが子どもの「幸せ」だと勘違いしてしまいます。物や情報に振り回されず，子どもの本当の「幸せ」を考えている親の方が，むしろ子育てしづらくなっているのが現状です。

子どもが喜ぶからといって欲しがるままに物を与えすぎて，親がわが子を我慢のできない子どもにしてしまっていることや，子どもの将来のためにと先回りした学習をさせ，親がわが子を自ら考える力のない子どもにしてしまっていることに，いったいどれくらいの親が気付いているでしょうか？

努力して苦労して自分の力で物を得たときの喜びを知る子どもは，また何かのために努力し苦労を惜しまず自分で歩いていきます。自分で何かに興味をもち，考え，発見する喜びを知る子どもは，自分の興味のある世界を広げ自分の夢を見つけるでしょう。

一人でも多くのおとなが子どもの本当の「幸せ」に気付き，今の世の中の商業主義の波にのみ込まれず，さらわれずに，子育てできることを願います。

（青野裕子）

3 章
子どものこころの発達

吉田弘道

保育カウンセリングを行う上で,こころの発達について知っておくことは大切なことです。この章では,まず,こころの発達の原則について述べ,その後,対人関係,社会性,言語,知的能力,遊びの各領域について大まかな発達の過程を知るポイントを提示しながら,発達がおとなのどのようなかかわりによって進むのかについて解説します。最後に,これらの知識を子ども理解につなげる方法について触れることにします。

1　こころの発達とは

（1）こころの発達と連続性

こころの発達とは,未熟なこころが成長し,対人関係,社会性や自我,情緒・感情,認知・知的能力など,こころの様々な領域において,機能が質的に変化することをいいます。またそれだけでなく,こころの各領域間のまとまり,あるいはこころ全体の組織化が進展することでもあります。

ところで,こころの発達は,成長に向かって一方向的に進むわけではありません。進展することもあれば退行することもあります。また,進展であっても退行であっても,連続した一連の流れの中で生じるものであり,途切れ途切れに生じることはありません。そのために,こころの発達を理解するには,過去,現在,未来という発達の脈絡の中で,子どものこころの変化を詳しく見ていくことが大切です。

（2）こころの発達と相互作用

発達（development）という言葉は,開くことであり,封をすること・包むこと（envelopment）の反対の意味をもっています。どういうことかというと,生物学的には,それぞれの生物は遺伝的に組み込まれた潜在的な能力をもっていますが,その能力が,適切な刺激を受けて,開いて発揮（develop）されることをいいます。このような発達のシステムは生得的に組み込まれているのですが,適切な外的刺激がないと活動しません。比較行動学では,生物がもとも

ともっている能力の発芽を解発する適切な外的刺激のことを解発刺激（releaser）と呼んでいます（異常行動研究会，1977）。この解発刺激がないと能力は発達しないのです。

　このことを子どものこころの発達に当てはめて考えてみると，子どものこころの発達には，様々なレベルの相互作用が関与していることがわかります。子どもと外界との相互作用としては，子どもと家族や仲間などの対人関係による相互作用，あるいは，コミュニティ・地域，サブカルチャー，文化など社会文化的なシステムとの相互作用があります。この社会文化的システムの中には，保育所，幼稚園，学校などが，対人関係を越えて集団としてもっているシステムとしての特徴も含まれます。このように，こころの発達には，いろいろな相互作用が影響しているのです。毎日の生活の中で，乳幼児は，まず，親やきょうだいなど家族との濃い人間関係の中で相互作用を経験し，それとほぼ同じ時期から，保育所や幼稚園で保育者や仲間との相互作用を経験します。そのような過程の中で，子どものこころは発達するのです。これから，こころの各領域における発達について見ていきますが，子どものこころは人との相互作用を通して発達するので，まず，発達の基盤となる対人関係の発達から見ていくことにします。

2　対人関係の発達

（1）アタッチメントの形成

　アタッチメントとは，人や動物が特定の人や動物との間に作り上げる愛情の絆のことをいいます。このアタッチメントの重要性を説くアタッチメント理論は，英国の精神科医であり精神分析学者であるボウルビィ（Bowlby, 1969）によって打ち立てられ，その後アメリカの研究者エインスワース（Ainsworth, M. D. S.）らによって発展しました。ボウルビィは，世界保健機関（WHO）の委託を受けて第二次世界大戦で被害を受けた子どもたちについて研究し，アタッチメントが子どもの発達にとってビタミンのように欠くことができないもので

表3-1　アタッチメントの形成過程

第1段階：出生から4か月まで	人一般に対して関心を示す時期 人の顔を見たり，声を聞いたり，抱かれることを好む
第2段階：4か月から6か月まで	母親など，いつも世話をしてくれる人に対して関心を示し，関係を作る行動がはっきりしてくる時期 笑ったり，泣いたり，しがみついたり，見つめたりする行動が増える
第3段階：6，7か月から2，3歳	アタッチメントの形成がはっきりしてくる時期 母親など，いつも世話をしてくれる人を識別して，その人に心を寄せていることが明確になる，後追いや人見知り，母親の出迎えなど，結びつきがはっきりとわかるようになる 母親とのアタッチメントが形成されたことを具体的に示す行動 ①母親が見えなくなると泣き出す，母親の後を追う ②泣いているときに，他の人ではだめでも母親があやすと泣き止む ③知らない人に会うと母親にしがみつく ④母親から離れて遊んでいても，不安になると母親のところにもどる，母親を安全基地として使う
第4段階：3歳以降	母親にまとわりつくことが次第に減ってきて，母親にまとわりつくのは必要なときだけとなる（例）恐いとき，不安なとき，疲れたとき，体調がわるいとき，愛情に不安を感じたとき

（出所）　吉田（2014）を一部変更

あることを強調しました（Bowlby, 1951）。しかし，その後の研究では，こころの健康だけでなく，子どもの感情発達や自我の発達においても重要な役割を果たしていることが指摘されています（Holmes, 1993）。

アタッチメントは「愛着」と訳されていますが，ここではアタッチメントの語をそのまま用いることにします。子どものアタッチメントは，子どもがもともともっているものではなく，子どもが生まれた後，乳児期からの子どもと親とのお互いのかかわりあいを通して形成されるものです。

表3-1はボウルビィの考え（Bowlby, 1969）に従ってアタッチメントの形成過程を整理したものです。第3段階にいたって，その行動からアタッチメントが形成されたとみなされます。表中の第3段階に示してある，①母親への後追い，②他の人物との母親の区別性，③および④の母親を安全基地として使うことが，アタッチメントが形成されたことの目安です。ただし，アタッチメントは，アタッチメントを形成した子どもが親から自立する第4段階に至っている

ことが重要であるとされています。表中に示してある月齢や年齢は，一つの標準的な目安です。子どもによっては，ここに示した段階をゆっくり進む子どももいます。われわれは，乳幼児期の子どもを見る場合に，目の前の子どもがアタッチメントの発達段階のどの段階にいるのかを理解する必要があります。また，親の対応によって泣くことが増える，甘えてくることが増えるなど，親に対する子どもの行動が変わりますが，アタッチメントの形成過程のどの段階を進んでいるのかをみきわめながら，子どもと親に対応することも必要です。

（2）アタッチメントの質

　アタッチメントが親と子の相互作用を通して形成されることから，その相互作用の違いによって，アタッチメントの質に個人差が見られることになります。アタッチメントの質の違いは安定，不安定と表現されますが，それらはエインスワースら（Ainsworth et al., 1978）の研究によって明確にされました。
　エインスワースらはアタッチメントの質を評定する方法として「新奇場面法（strange situation procedure）」を開発しました（図3-1）。その方法について説明します。まず，はじめての部屋に母子が入り，しばらくした後に母親が子どもから離れて部屋を出て行き，また再び戻ってきて再会するという一連の手続きを2回繰り返して行い，分離のときと再会したときの子どもの行動を観察し，おもに母親に対する接近行動，回避行動，しがみつき行動，泣くなどの行動からアタッチメントの質を評定する方法です。この方法は，アタッチメントの第一の機能が不安静止機能であることから，はじめての場面で，母親から一時的に分離したことによって生じた不安を静止するために，アタッチメントがどれくらい機能するか，子どもが母親との関係をどのように使うかを見るものです。生後1歳から2歳の間に使われる方法であり，現在世界的に使われています。この方法で，エインスワースらは，アタッチメントの質を3つに分類しましたが，その後メインとソロモン（Main & Solomon, 1986）がもう一つの分類を付け加え，現在では4分類となっています（表3-2）。これらのタイプの違いについては，当初子どもの気質の違いではないかと指摘する動きもありま

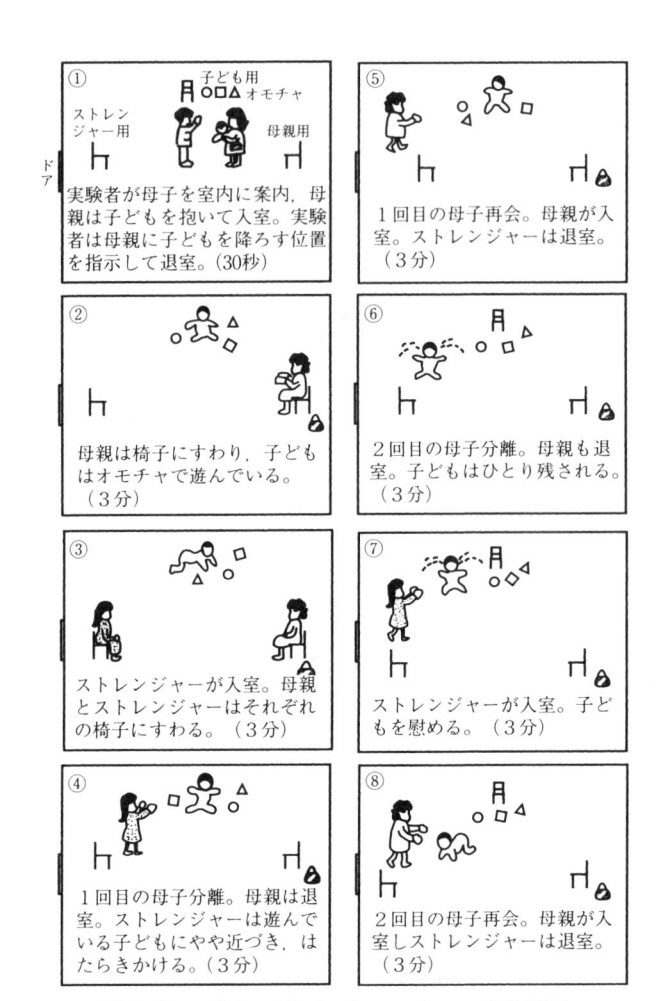

図 3-1 ストレンジ・シチュエーションの 8 場面

(出所) 繁多 (1987) p.79.

したが，その後の研究によって，子どもの特徴と親の特徴との相互作用によるものであることがわかっています。また，アタッチメントの質にはある程度の持続性が見られることが確認されています。

新奇場面法は有効な評定方法ですが，評定には，設備と観察者などの多くの

3章 子どものこころの発達

表3-2 アタッチメントのタイプ

タイプA 不安定・回避型アタッチメント (insecure avoidant attachment)	親に抱かれたりしがみついたりすることがなく，親との間にアタッチメントが形成されていることがわかりにくいタイプ。1，2歳の子どもははじめての場所にいくと緊張したり不安を感じたりするのが普通であるが，このタイプの子どもは，不安な様子をみせず，親が居なくなっても泣かないし，親が戻ってきても近づかないで離れている。関係を避けているようにみえる。
タイプB 安定型アタッチメント（secure attachment）	親との間に安定したアタッチメントを形成しているタイプ。不安なときに親にまとわりついたり抱かれたりして不安を鎮め，安心すると親から離れて遊ぶことができる。
タイプC 不安定・反対感情併存型アタッチメント (insecure ambivalent attachment)	アタッチメントが形成されているが，不安定であると判断されるタイプ。不安なときに，親にまとわりついたり抱かれたりするが，なかなか安心できずに泣き続け，ときにはいらいらして親をたたいたり，親が手渡したおもちゃを投げたりする。抱きつくことと腹を立てることという，相反する二つの感情が一緒にみられる。
タイプD 不安定・非組織型／無秩序型アタッチメント(insecure disorganized/disoriented attachment)	不安定でわかりにくいアタッチメントが形成されているとみられるタイプ。たとえば，1，2歳のころに，はじめての場所で親がいなくなってもどってきたときに，ぼーっとしていたり，動きが止まっていたり，あるいは親に近づいたかと思うと急に激しく親を避けて離れたり，親から顔や目をそらしながら近づいたりするような，矛盾していて，文字通り組織化されていない，わかりにくい行動が見られる。

（出所） 吉田（2014）を一部変更

人手が必要です。そこでウォーターズら（Waters & Deane, 1985）によって開発されたのがQソート法（Q分類法：Q-Sort measures）です。この方法は，専門家が家庭訪問をして母親に対する子どもの行動を観察し，アタッチメントのタイプの特徴が書かれているカードを基に分類して評定する方法です。カードは90枚で構成されており，子どもに「最も当てはまる」から「最も当てはまらない」まで10枚ずつ9段階に分類されます。「最も当てはまる」が9点，「最も当てはまらない」が1点として整理されます。筆者は，Qソート法に関するウォーターズら（Waters & Deane, 1985）とホウら（Howes & Hamilton, 1992）およびペダーソンら（Pederson & Moran, 1995），そしてヴェレイケン（Vareijken, 1995）の研究に基づいて，Qソートの項目からタイプA，タイプB，タイプCの評定に有効な項目を抽出しました。その結果はかつて紹介しましたが（吉田，

表3-3　アタッチメントのタイプの評定に役立つ項目

タイプA： ・園に預けられた最初から，親から離れるときに親の方を気にしない ・親が迎えに来ても嬉しそうにしない ・保育者が抱こうとするといやがる ・保育者が手伝おうとすると邪魔されたと思う ・保育者の助けをめったに求めない（痛そうなときでも） ・親や保育者になにかをやってもらう手段として泣くことはあまりない ・前は保育者に寄って来なかったが，最近保育者の気を引くような行動をたびたびする ・最近保育者の気を引こうとわざと目立つような行動をするようになった ・失敗したら恥ずかしいので，失敗するようなことは最初から避けようとする
タイプB： ・園に預けられた最初は泣くこともあったが比較的早目に慣れた ・親と別れるときになごりおしそうにする ・親が迎えに来ると嬉しそうにする ・保育者に遊んでもらって振り回されることを喜ぶ ・恐がっても保育者が抱くと安心する ・困ったときには保育者の助けを求めるが，そうでないときには自分で頑張る
タイプC： ・園に預けられた最初から泣くことが多く，なかなか園に慣れなかった ・親がいなくなると泣き続ける，怒る ・親が迎えに来ると理由もなくぐずぐずする ・わがままで気が短い ・なにかをやってもらう手段として泣くことが多い ・恐がりで，保育者が抱いても安心するのに時間がかかる ・保育者に手助けを求めることが多い ・できそうなことでも自信がない

（出所）　吉田（2003）を一部変更

1999），その後保育所において，子どもが保育者との間で示す行動と，子どもが親との間に示す行動の特徴から保育所用としてまとめました。その結果が表3-3です（吉田，2003）。まだ妥当性研究は行っていませんが，心理臨床の活動の中で，保育者や母親に質問して子どもの特徴を把握するのに役立てています。なおタイプDについては，行動特徴が複雑であることと，Qソート法の項目がないために，表3-3には入れませんでした。

　では，子どもが安定したアタッチメントを形成するためには，親やおとなはどのように子どもの相手をしたらよいのでしょうか。表3-4に安定したア

表3-4 安定したアタッチメントを作るかかわり

- 乳児との身体接触が多いこと。赤ちゃんの不安や苦痛を抱いてなだめるのが上手であること
- 乳児の泣きや笑いに対して感度よく情緒的に応答するのが上手であること
- 乳児の疲れや目そらしに敏感に反応し,疲れさせないようにかかわること
- 乳児が何を訴えているのかを理解し,適切に対応すること
- 乳児にとってわかりやすいように一貫性のある態度で接すること

タッチメントを作る上で役立つおとなのかかわり方を紹介しましたので,参考にしていただければと思います。

3 社会性の発達

(1) 友だち関係と自我の発達

社会性の発達の「社会性」とは,対人関係を意味しています。表3-5では,社会性の発達を知る目安となる項目を整理してあります。この表からは,仲間と協調して行動することや,一緒に遊ぶことを含む友だち関係の発達と,我慢することや秘密をもつこと,ルールを守ることといった自我の発達の過程を知ることができます。この他,社会性には,生活習慣を身につけることや感情の発達も含まれます。

社会性の発達は,親やおとなとの付き合いを通して発達します。親と一緒に楽しく遊ぶ経験が,その後仲間と一緒に遊ぶことにつながります。また,親との間に安定した情緒的な絆を形成していて,十分に満ち足りた体験をしていること,自己主張を聞いてもらえていてその後に我慢することをていねいに教えてもらえていること,こころの中に抱えきれないことを親に抱えてもらえていること,自分のこころの中に貯めておくこと(たとえば秘密など)を大切に見守ってもらえていることなどが,自我の発達,自己制御の発達につながります。ちなみに,親との間に安定したアタッチメントを作っていると同時に,親や周りのおとなから自分自身の感情,態度,願望,希望,知識,想像,意図,計画などに関心をもってもらっており,さらに,それらの内容を子ども自身がわか

表3-5 社会性の発達を見る項目(自我・友だち関係)

年　齢	項　目
1歳ごろ	・親の顔をうかがいながらいたずらをする(自我)
1歳半ごろ	・「いけない」といわれると、ふざけて、かえってやる(自我) ・鏡の前に立って自分の姿を映し、帽子をかぶったり、ポーズをつけたりして遊ぶ(自我・自己認知)
2歳ごろ	・他の子に、おもちゃや洋服をみせびらかして得意になる(自我) ・欲しい物があっても言い聞かせれば我慢して待つ(自我)
2歳半ごろ	・一度期待を持たせてしまうと、だましがきかない(自我) ・年下の子どもの世話をやきたがる(友だち関係)
3歳ごろ	・ままごとで父、母、赤ちゃん、客などの役を決め、そのつもりになって演じる(自我・友だち関係) ・子どもだけでいろいろなお店を作り、互いに行き来して売ったり買ったりして遊ぶ(自我・友だち関係) ・ピストルで撃ち合いのまねをして遊ぶ(友だち関係) ・かくれんぼをして、みつからないように一人でものかげに隠れる(自我・友だち関係) ・友だちと順番にものを使う(自我・友だち関係) ・どんぐりや石などをポケットに入れて集める(自我)
4歳ごろ	・母親や先生にほめられると得意になって説明する(自我) ・かくれんぼをして、探す役と隠れる役とを理解して遊ぶ(自我・友だち関係) ・友だちと互いに主張したり妥協したりしながら遊ぶ(友だち関係) ・鬼ごっこをして鬼になると他の子を追いかけてつかまえる(自我・友だち関係)
5歳ごろ	・じゃんけんで勝ち負けがわかる(自我・遊び) ・砂場で2人以上で協力して一つの山を作る(友だち関係・遊び) ・数人が一緒になって子どもが発案したごっこ遊びをする(友だち関係・遊び) ・禁止されていることを他の子どもがやったときその子に注意する(自我) ・小さなものを集めて貯めている(自我)
6歳ごろ	・小さい子や弱い子の面倒をみる(友だち関係) ・取り合いになったときに子ども同士だけでじゃんけんで解決する(自我・友だち関係) ・2、3人でないしょばなしをする(自我・友だち関係) ・警官ごっこなど組織だった遊びをする(友だち関係・遊び)

(出所) 乳幼児精神発達診断法を参考に作成された吉田(2007)の表を一部変更

```
       子ども                    おとな
    言葉にできないもやもや    感じて，共感する
    笑う，いらいらする，沈む    子どもの気持ちを推測して，理
    泣く，怒る                  解する
                                子どもの気持ちに言葉をつける
                                態度で応じる
                                抱く
```

図3-2　感情発達を助けるおとなのかかわり

るように受け応えされている子どもは，自己制御能力の発達（自我の発達）がよいことが確認されています（Fonagy et al., 2002）。

（2）感情発達

感情の発達には，①それまでになかった感情が芽生えてくること，②自分が今どんな気持ちでいるのかがわかるようになること，③相手に自分の気持ちを伝えることができること，④相手の気持ちを理解して共感できるようになること，⑤気持ちが高ぶってもすぐに行動に移さずに，興奮を制御できるようになることを含んでいます。感情の発達を助けるおとなのかかわり方を図3-2に示しました。このようなかかわり方をていねいにされている子どもの感情発達はよいといわれています。たとえば，子どもの気持ちや考えていること，欲しているものなど，子どもの内面に関心をもって言葉でふれる親のかかわりや，親子が感情について話をすることが多い場合には，子どもが自分の感情を語る能力と，他者の感情を理解する能力の高いことが知られています（園田，1999；LaBounty et al., 2008）。

4　知的能力の発達

（1）言葉の発達

　言葉の発達は個人差が大きく，子どもによって，発達に早い遅いがあるので注意が必要です。言葉は，「あー」，「うー」など，のどの奥から出る喃語，「バババ」，「パパパパ」など唇を使った喃語，発声の模倣，「マンマ」，「‥ゴ」（りんご）とそれらしく言う単語，「りんご」とはっきりとした単語，「パパ，会社」のような2語文，「パパ，会社，行った」のような3語文の順番で発達します。そのほか細かいところは表3-6に示しました。なお，5，6歳の言葉の発達を見る項目は知的能力を見る項目と重なるので，4歳半までの項目を挙げました。

　言葉の発達には，人との情緒的な関係が重要な役割を果たしています。人にこころを寄せていること，人に関心をもっていること，人の動作をまねすること，人とコミュニケーションをとりたいという気持ちが言葉の発達の基盤になります。また，子どものペースに合わせておとながよく話しかけるほど，言葉の発達は早いとされています。言葉の発達がゆっくりな子どもがいたら，親がどのように話しかけているのかを確認してみるとよいでしょう。

（2）知的能力

　考える力，推理能力，認知能力，記憶力，数の理解，言語の定義などが知的能力です。表3-7に知的能力の発達を表すおもな項目を挙げました。知的能力は，具体的に物事を扱う能力から抽象的に考える能力へと発達します。したがって，乳児期から，具体的に物を操作する体験や，覚えたり，考えたりする活動を行う体験が大切です。さらに，安定したアタッチメントを形成している子どもの方が，知的能力を刺激する活動を根気強く続け，また注意深く物事を観察するので，知的能力の発達がよいとされています。中には，安定したアタッチメントを作っている子どもの象徴能力（イメージを使う能力）は，不安

表3-6 言葉の発達（4歳半まで）

月齢・年齢	項目
6〜9か月	・ア，ウなどの声を出す ・パ，バ，マの音声を出す ・「パパパ」「ママ」などと連続した音声を出す ・「ばいばい」をする
9か月〜1歳	・意味なく「パパ」「ママ」という ・「ママどこ？」「パパは？」などと聞かれるとそちらを見る ・「ちょうだい」というと渡す ・意味のある語を一ついう
1歳〜1歳6か月	・指さしをする ・くしやブラシを見ると，模倣的に使用する ・「パパ」「ママ」以外に3語いう ・絵を見て知っているものの名前をいう ・「新聞をもってきて」などの簡単な手伝いができる ・「目」「耳」「口」をたずねられると自分のそれらを指さす
1歳6か月〜2歳	・欲しいものがあると「ちょうだい」といってもらいに来る ・「パパ 会社」などの2語文をいう
2歳〜2歳6か月	・「パパ 会社 行った」などの3語文を話す ・赤，青，などの色の名前がわかり指さす
2歳6か月〜3歳	・自分の姓と名前をいう ・自分の名前を入れて話す
3歳〜3歳6か月	・「ぼく」「わたし」という
3歳6か月〜4歳	・見聞きしたことを親や先生に話す ・経験したことを他の子どもに話す
4歳〜4歳6か月	・テレビで見たことを話題にして友だち同士で話す

乳幼児精神発達診断法，DENVER II，新版K式発達検査法2001年版の項目を参考に作成

定な子どもに比べて高いとの報告もあります（Matas, Arend, & Sroufe, 1978）。これは，情緒的に安定している子どもの方が，不安定な子どもよりも課題に落ち着いて取り組むからであり，同時に，象徴的遊び（ごっこ遊び・見立て遊びなど）や象徴的考えに親が興味をもってつきあうからなのです。

表3-7 知的発達

月齢・年齢	項目
6〜9か月	・物を落とすと，落とした場所を探す
9か月〜1歳	・おもちゃの電車などを手で走らせて遊ぶ
1歳〜1歳6か月	・鉛筆でなぐり書きをする ・高いところから物を落として遊ぶ ・小瓶の中のものを傾けて出す
1歳6か月〜2歳	・○，△，□の型を羽目板にはめ込む
2歳〜2歳6か月	・覚えていて2数を復唱する ・まねして積木3個で自動車を作る ・すわるもの，着るもの，などの用途の質問に対して物を選択する
2歳6か月〜3歳	・大きい小さいがわかる ・まねして積木3個でトンネルを作る
3歳〜3歳6か月	・長い短いがわかる ・覚えていて3数を復唱する
3歳6か月〜4歳	・椅子，コップなどの用途について説明できる
4歳〜4歳6か月	・3部分の人物画を描く（注） ・バナナ，机，靴などについて概念を用いて説明できる ・熱い―冷たい，明るい―暗い，などの反対類推ができる
4歳6か月〜5歳	・空腹，寒い，などを理解して，対処について話す ・電車，花など思ったものを絵に描く
5歳〜5歳6か月	・さいころの数がわかる ・自分の名前をひらがなで書く ・6部分の人物画を描く ・5以下の簡単な足し算ができる
5歳6か月〜6歳	・数字を書く ・ひらがなが読める

（注）たとえば，顔の輪郭と目と口，あるいは顔の輪郭と目と胴体などの3部分が含まれる絵を描く。

乳幼児精神発達診断法，DENVER II，新版K式発達検査法2001年版の項目を参考に作成

5 遊びの発達

　遊びはこれまでに述べた社会性の発達と知的能力の発達を反映しています。ピアジェ（Piaget, 1945）の考えに従うと，遊びは，感覚・運動的遊びの段階，

表3-8 遊びの発達

感覚・運動的遊びの段階 1, 2か月〜	聴覚や視覚, 触覚などを楽しむ感覚遊びと, 腕を振る, 何かをたたく, などの運動を楽しむ遊び
機能的遊びの段階 10か月ごろ〜	おもちゃの電話や自動車など, そのおもちゃの機能にあった使い方をして楽しむ遊び
象徴的遊びの段階 1歳過ぎ〜	積木を自動車に見立てて遊ぶ, あるいは人形に食べ物を食べさせて遊ぶなど, イメージを使って楽しむ遊び。積み木で家を作る, などの構成遊びも含む
社会的遊びの段階 3歳ごろ〜	おままごと, レストランごっこなどのように, 役割を決めて仲間と一緒に楽しむ遊び

(出所) 吉田(2007)を一部変更

機能的遊びの段階，象徴的遊びの段階，そして社会的遊びの段階へと発達します（表3-8）。

6 保育カウンセリングに役立てるために

　ここまで，こころの発達のそれぞれの領域における発達について述べてきました。保育カウンセリングを行うには，それぞれの領域の発達項目に注目するだけでなく，他の領域の発達についても確認しておく必要があります。その他の細かな点についても注意深く見ておく必要があります。たとえば，同じ領域内で，ある項目から次のより進んだ項目へと推移するときの小さな変化を知っていると，親子の指導に役立ちます。あるいは遊びについて見るときに，一つの遊びを長くしているのか，それとも次々と遊びを換えていくのか，次々と遊びを換えているように見えるがじつは一つの遊びが終わった時点で次の遊びに移っているのか，などについて見ておく必要があります。あるいは，忙しく動き回っている子どもであっても，手に何か持っているか，たとえば積み木を持っているのか，あるいは柔らかいぬいぐるみを持っているのか，などに気をつけて見るようにするのもよいでしょう。

　さらに，保育カウンセリングをする場合には，現時点の状態を知っているだ

表3-9 発達整理の例

	親との関係・保育者との関係	友達関係・遊び	言　葉	運動面・生活習慣・社会性	保育者の対応
気になる点：思い通りにならないと床に額を打ちつけて泣く（1歳3か月くらいから），視線を合わせることが少ない，単語の「ママ」，「パパ」，「わんわん」をそれとなく言う，他児への関心が弱く一緒に遊ばない，入園前は家庭で育児されていた，よく寝る子だった，親はあまり抱かなかった					
入園時 9か月	・朝つれてきたとき母親はただ置いていった ・お迎えのときに母親が近づくと泣きながら離れていた ・保育者に寄って来ることはなかった，抱かれることはきらいで反り返っていた，何かしてほしいと訴えてくることはなかった	・他児には興味がなかった，口に物を入れてしゃぶっていた，おもちゃで遊んでいることはなかった ・おもちゃに積極的に手を伸ばすことはなかった	・喃語は出ていた ・保育者に関心がなくまねすることはなかった	・お座りはさせればするが自分から起きあがって座ることはなかった ・横になったらそのまま，動き回ることはなかった，はいはいの姿勢はいやがった ・離乳食は口に入れば食べていたが食欲はなかった	・抱かれることをいやがるので静かに体と腕で包み込むように抱くことを心がけた ・名前を呼んだ，ガラガラなどの手に持てるおもちゃを関心を引くように動かして触らせた ・担当保育者を決めて対応した
検討開始時 1歳11か月	・迎えのときに母親に近づいていくが抱かれることを求めない，母親も抱かない ・保育者が名前を呼んでも振り向かない，保育者に近づかない，抱かれない，視線を合わせることは少ない ・思い通りに行かないと額を打ちつけて泣くことが見られるようになった	・他児には興味がない，ただし0歳児には関心を持ち近づいていく ・乳児と同じようにコンビラックに入りたがる ・積み木やブロックをしゃぶっている	・ママ，パパ，わんわん，を人に伝えるというよりも独り言のように言っている ・絵を指差することはない，絵を見て言うことはない，絵の注視は弱い，お手ぱちぱちの模倣はしない	・1歳5か月から歩き出したがしっかり歩いている感じがしない ・積み木を3つ積む ・食事のときには周りを見ずに食べ物だけを見ている，手でつかみ口に入れてすぐに呑み込む	・それまでと同じかかわりを続けるとともに，子どもの言葉に反応してまねすることを増やした（保育者からの模倣） ・泣いたら要求の表現ととらえ，気持ちを理解して応じるようにした
現在 2歳半	・母親が抱くようになった，子どもも近づいて抱かれるようになった ・まだ決まった保育者にこころを寄せているわけではないが，抱かれることは好きになった，呼ぶと振り向くことが増えた ・泣くことが増えた	・自動車のおもちゃに興味がわき手に持っている，押して遊ぶ ・他児が遊んでいると見ているようになった ・自分よりも年下の子どもに興味がある	・単語の数が10くらいに増えて，相手に伝えようという気持ちも見られるようになった ・リズム遊びにまだ参加できないが周りで見ていてまねしようとする気持ちが見えてきた	・手すりにつかまって階段を上がるようになった，両足ではねるようになった，積み木を8つ積む ・食事のときに他の子の食べている様子を見ている，自分が食べ終わると「ない」といって見せる ・保育者の様子を見ながらわざといけないことをする	・抱かれることが好きになったので，保育者の方も楽しい ・人や他児への関心が前よりも強くなってきているので，その気持ちを理解して，他児を見る機会，触れる機会を増やそうとしている

（出所）　吉田（2003）を一部変更

けでは不十分です。前述したように，発達は連続して一連の流れとして進行しています。したがって，現時点の状態に至るまでの道筋があり，その結果として現在の状態があるのです。つまり，保育カウンセリングを行うためには，他の領域の発達状態を確認するとともに，子どもが生まれてからこれまでの発達の流れも確認しておくことがどうしても必要なのです。このような考え方で目の前の子どもの発達について考えるなら，発達の全体像を整理しておくことが大切です。表3-9は，整理表の一例です。領域ごとの現在までの発達の流れと，領域間の横の関係がわかります。このような表を，保育者とカウンセラーが一緒に作り，保護者も含めて理解を共有できていると，子どもの発達を助ける上で役に立ちます。

〈文献〉

Ainsworth, M. D., Blehar, M. C., Waters, E., & Wall, S. 1978 *Patterns of attachment : A psychological study of the strange situation.* Lawrence Erlbaum Associates.

Bowlby, J. 1951 *Maternal care and mental health.* World Health Organization. (黒田実郎（訳）1967　乳幼児の精神衛生　岩崎学術出版社)

Bowlby, J. 1969 *Attachment and loss, vol. 1 : Attachment.* Hogarth Press. (黒田実郎・大羽蓁・岡田洋子（訳）1976　母子関係の理論1　愛着行動　岩崎学術出版社)

Fonagy, P., Gergely, G., Jurist, E. L., & Target, M. 2002 *Affect regulation, mentalization, and the development of the self.* Other Press.

Frankenburg, W. K.　日本小児保健協会（編）2003　DENVER II : デンバー発達判定法　日本小児医事出版社

繁多進　1987　愛着の発達――母と子の心の結びつき　大日本図書

Holmes, J. 1993　黒田実郎・黒田聖一（訳）1996　ボウルビィとアタッチメント理論　岩崎学術出版社

Howes, C., & Hamilton, C. E. 1992 Children's relationships with cagivers : Mothers and child-care teachers. *Child Development,* **63** (4), 859-866.

異常行動研究会（編）1977　基礎と臨床の心理学1　初期経験と初期行動　誠

信書房

LaBounty, J.,Wellman, H. M.,Olson, S., Lagattuta, K., & Liu, D. 2008 Mothers' and fathers' use of internal state talk with their young children. *Social Development*, **17** (4), 757-775.

Main, M., & Solomon, J. 1986 Discovery of a new insecure-disorganized/disoriented attachment pattern. In T. B. Brazelton & M. Y. Yogman (Eds.), *Affective development in infancy*. Ablex Norwood. pp. 95-124.

Matas, L., Arend, R. A., & Sroufe, L. A. 1978 Continuity of adaptation in the second year: The relationship between quality of attachment and later competence. *Child Development*, **49** (3), 547-556.

Pederson, D. R., & Moran, G. 1995 A categorical description of infant-mother relationships in the home and its relation to Q-Sort measures of infant-mother interaction. In E. Waters, B. E. Vaughn, G. Posada & K. Kondou-Ikemura (Eds.), Caregiving, cultural, and cognitive perspectives on secure-base behavior and working models. *Monographs of the Society for Research in Child Development*, **60** (2-3), 111-132.

Piaget, J. 1945 *La formation du symbole chez l'enfant*. Delachaux & Nestlé S. A.（大伴茂（訳）1962 遊びの心理学 黎明書房）

新版K式発達検査研究会（編）2008 新版K式発達検査法2001年版——標準化資料と実施法 ナカニシヤ出版

園田菜摘 1999 3歳児の欲求，感情，信念の理解——個人差の特徴と母子相互作用との関連 発達心理学研究，**10**，177-188.

津守真・稲毛教子 1961 乳幼児精神発達診断法——0〜3歳まで 大日本図書

津守真・磯部景子 1965 乳幼児精神発達診断法——3〜7歳まで 大日本図書

Vareijken, C. 1995 *The mother-infant relationship in Japan: Attachment, dependency, and amae*. Labyrint Publication.

Waters, E., & Deane, K. E. 1985 Defining and assessing individual differences in attachment relationships: Q-Methodology and the organization of behavior in infancy and early childhood. In I. Bretherton & E. Waters

(Eds.), Growing points of attachment theory and research. *Monographs of the Society for Research in Child Development*, **50** (1-2), 41-65.

吉田弘道 1999 正常発達のアセスメント・心の発達 前川喜平・白木和夫・安次嶺馨（編） 今日の小児診断指針 第3版 医学書院 pp. 10-16.

吉田弘道 2003 乳幼児の発達の見かた 帆足英一（監修）諏訪きぬ・吉田弘道・帆足暁子・大橋愛子・西智子（編） 実習保育学 日本小児医事出版社 pp. 240-256.

吉田弘道 2007 正常な乳幼児の姿と育児相談 2．精神・運動機能発達 高野陽・中原俊隆（編） 乳幼児保健活動マニュアル 文光堂 pp. 248-262.

吉田弘道 2014 乳幼児の発達の見かた 帆足英一（監修）諏訪きぬ・吉田弘道・帆足暁子・大橋愛子・西智子（編） 実践保育学 日本小児医事出版社 pp. 248-264.

☕ トピックス　家庭生活で感じる子どもの変化 ② 五感や想像力を育てる遊びを

　ここ数年，スマートフォンや携帯型ゲーム機の普及による環境の変化が大きいと思います。幼いころから自分で操作も覚え，家や外出先など様々な所で手にしているのを多く見たり聞いたりするようになったと感じます。与えるきっかけは，子どもを静かに待たせる目的であったり，子どもにせがまれてなど，様々だと思われます。電車やレストランや病院などで家族と一緒にいても，おとなも子どももそれぞれがスマートフォンや携帯型ゲーム機を手にして，お互いの顔も見ず，口も開かずに時間を過ごしている光景を目にするたびに，違和感を覚えます。

　画面を見ていれば好きなことが次々と映し出され，それを一方的に見ることばかりを楽しいと感じる子どもが，目に見える動きが少ない物から想像する楽しみを知るのは難しいと思います。たとえば，本を読み聞かせたときに，登場人物の気持ちに思いをはせたり，描かれた景色の先にはどんな風景が続いているのか，どんな風が吹き，どんな香りがするのかを想像することは難しいのではないかと思います。想像や空想ができたとしても，楽しさを感じられるようになるには時間が必要だと思います。ボタン操作一つで手軽に得られる楽しみ方は，成長してからでもすぐに体感して身につくと思うのです。

　幼いころの体験で，何を心地よいと感じるか，「これが好き」などの好みの価値観が決まるのだと聞いたことがあります。本以外にも，古き良き昔の遊びとされるけん玉やあやとりやこままわしなどは，はじめにやり方を教えたら，子どもは自ら練習したり工夫して遊ぶ中で楽しさを見つけていけます。ただ，受け身になって画面を見ているのとは違い，自分で動いて五感を使い遊ぶことは，飽きてしまいやすくもあります。遊びを近くで見守るおとながいたり，一緒に遊ぶ相手がいて，ほめあったり驚きを共感できるやり取りがある中でこそ，楽しいと感じられると思うのです。しかし，そのような遊び方だけをさせようと力を入れ，受け身型の媒体をなくして子どもを遊ばせるように切り替えるのは難しい環境もあると思います。親としては，遊び方のバランスを考えながら，一緒に遊び，同じ物を見て，言葉を交わして日々を過ごす中で，画面だけでなく家族や友だちに，輝く瞳を向けられる子どもでいてほしいと思います。

(志村陽子)

4 章
子どもの身体の発達

深見真紀

人間の身体は，胎児期から乳児期，小児期（幼児期・学童期）から青年期・成人期まで発達し続けます（Kliegman et al., 2007）。この発達には，体や器官のサイズが大きくなることと，機能が成熟していくことの両者が含まれます。体の大きさは，胎児期から小児期を通じて大きく変化し，思春期を過ぎるとほぼ一定になります。体や器官が大きくなることは，機能が成熟することと切り離すことができません。子どもは，発達の途上にあるために多くの可能性をもっていますが，同時に未成熟であるための脆弱性を有しています（黒田，2006）。本章では，出生後の身体の発達について紹介し，さらに身長を例に身体の成長について解説し，思春期について詳しく述べます。

1　出生後の身体の発達

（1）身体器官の発達

　満期産児（出産予定日前後に生まれた子ども）の身体は，すでに生命を維持してゆくために必要な機能をすべて備えています。しかし，一つひとつの器官は，成人に比べるとサイズが小さく，また，機能も未熟です。新生児の身体器官は，生後発達して様々な新たな機能を獲得していきます。なお，身体の個々の器官は，同じようなテンポで発達するわけではありません。臓器の重量の変化から，器官の発育には4つのパターンがあることがわかっています（図4－1　タナー，1994；黒田，2006）。

　①一般型：肺，心臓，筋肉，骨格，消化管など，大部分の器官は，出生直後の数年間において急速に発育し，機能が成熟します。その後の幼児期から小児期にはゆっくり安定した発育を示します。思春期になって再び急速に発育し，最終的に成人型の身体となります。後に2節（1）で述べるように，身長もこのような発育パターンを示します。

　②神経型：脳や脊髄は，出生直後の数年間において，他の器官よりもさらに速いスピードで発育します。5～6歳の時点ですでに，成人の器官の大きさの80％～90％程度の大きさにまで達します。その後は，大きさはあまり変化しま

臓器の相対重量

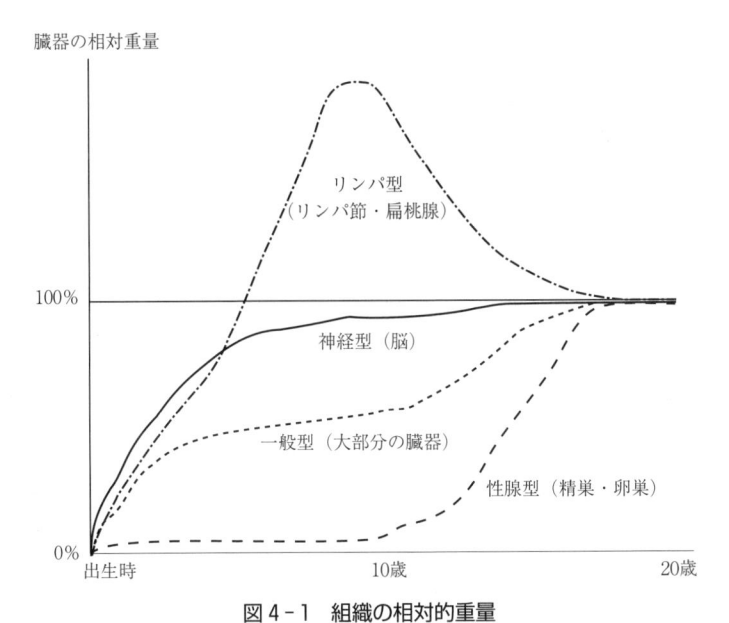

図4-1　組織の相対的重量

(注)　出生時の重量を0%，成人期の重量を100%として表す。
(出所)　タナー（1994），黒田（2006）をもとに作成

せん。

③リンパ型：リンパ節，扁桃腺，アデノイド（咽頭扁桃）などの器官は，小児期，とくに学童期に著しく発育し，この時期には成人の器官の大きさよりも大きくなります。思春期以降に縮小し，成人の大きさになります。

④性腺型：性腺（男性では精巣，女性では卵巣）は，乳児期から小児期までほとんど発育せず，性ホルモンも分泌しません。思春期になってはじめて発育し，男性ホルモンや女性ホルモンを産生するようになります。この性ホルモンによって二次性徴が生じます。なお，男性では，胎児期と出生後早期にも一時的に精巣から男性ホルモンが分泌されます。胎児期の男性ホルモンは，陰茎と陰嚢を形成するために必要です。女性では，胎児期に性ホルモンはほとんど産生されません。

（2）男女の差

　男女には，胎児期にすでに性器の形態に違いが生じています。すなわち，男性では陰茎と陰嚢があり，精巣は陰嚢内に存在します。女性では子宮や膣が形成されており，卵巣は腹腔内にあります。一方，新生児や小児の身長や体重には明らかな男女差はなく，思春期になって明確な性差を認めるようになります。成人の男女では，明瞭な身長や体型の差を認めます。また，骨盤の形や筋肉量にも差があります。さらに，身体の構造だけでなく，病気のかかりやすさや寿命にも性差があることがわかっています。このような身体の男女差については，性特異的遺伝子と性ホルモンが関与します。これについては，2節（3）で後述します。

（3）脳神経の発達

　脳や神経系は，胎児期早期から形成が進みます。出生時には，眼や耳などの感覚器官はすでにほぼ完成していて，新生児は視覚，味覚，聴覚，痛覚などを感じることができます。そのため，新生児は，音，光，痛みなど外界からの刺激に対して反応を示します。しかし，新生児の感覚は未熟であって，刺激の細かい違いを認識することはできません。また，脳が未発達のため，刺激に対して示す反応の種類も限定されます。乳児期から小児期において，脳の成熟に伴って徐々に複雑な感覚刺激の認識が可能となります。また，中枢神経，運動神経や筋肉が発達し，運動機能と社会性や言語能力が獲得されます。これによって，刺激に対する複雑な反応が可能となります。継続的に外界からの情報を学習することによって，状況を理解し，反応を選択する能力が向上します。なお，新生児期から小児期には，運動能力と知的能力の両者でとくに顕著な発達が認められますが，成人期にも発達は継続すると考えられています。

　表4-1に1歳以内の子どもの代表的発達指標を示します。発達のテンポには個人差があり，遺伝的要因と環境要因の両方の影響を受けます。たとえば未熟児（早期産児）では発達の時期がずれますので，この指標からはずれることがかならずしも問題であるわけではありません。一方，生まれつきの疾患が

表4-1 1歳以内の発達スクリーニング

年 歳	体 位	動 作	社会的行動
生下時～1か月		視線方向のガラガラを見つめる	声をかけると動きを止める
4か月		おもちゃを口に入れる	声を出して笑う
6か月	寝返りを始める		
9か月	手と膝で這う	2つのおもちゃを同時に持てる	バイバイの手を振れる
11か月～12か月	支えると歩ける		ちょうだいがわかる

(出所) 阿部・飯沼・吉岡(編) (2003) より一部引用・改変

あったり，環境要因によって子どもの発達が遅れることがあります。発達が遅れる原因には，神経系や筋肉の疾患，ダウン症などの染色体疾患，胎児期の疾患など様々なものが含まれます。また，神経の発達には，甲状腺から分泌される甲状腺ホルモンがとくに重要であり，甲状腺ホルモンが不足する疾患（先天性甲状腺機能低下症）では発達が遅れることがあります。先天性甲状腺機能低下症の場合は，早期に診断し，ホルモン補充療法を行うことによって発達の遅れを予防します。医療機関や自治体で行われる乳児健診や小児科健診では，子どもの発達状態を様々な方法で検査し，発達の遅れの疑いがある子どもを見出しています。発達の遅れがある子どもでは，早期から原因の検索と発育支援が行われます。

2 身体の成長——身長を例に

(1) 身体の成長の指標としての身長

①成長の過程

身長は，身体の成長の指標としてもっとも重要です。身長は胎児期から継続的に増加し，成人では生まれたときの身長の3倍，あるいはそれ以上になります。身体のプロポーションも，相対的に頭部が大きい胎児・新生児から，手足が長い成人の体型に変化します。

子どもの身体は，つねに一定のテンポで成長するわけではありません。出生時の平均身長は，満期産児では約50 cmです。生まれてから1年から3年の乳

幼児期の間に，数十センチのきわめて大きい身長増加が認められます。その後，3歳ころから7～8歳ころまでの間には，1年間に4cmから5cm程度の比較的安定した成長が続きます。思春期になって二次性徴が始まると，1年間に7cmから12cm程度の顕著な身長増加が認められます。これを思春期の成長スパートと呼びます。数年間の思春期スパートを過ぎると成長率（1年間に伸びる身長）は徐々に減少し，女性では平均15～17歳ころ，男性では平均18～19歳ころに身長の伸びが停止します。これが最終身長と呼ばれる成人期の身長です。最終身長に達した子どもでは，後述（2節（2））の成長ホルモンが作用しても骨が伸びることはありません。

現在の日本人成人男性の平均身長は169～170cmで，成人男性の95％は158～182cmの間の身長になっています。日本人成人女性の平均身長は157～158cmで，女性の95％は147～169cmの間の身長です。この範囲以下の「低身長」と呼ばれる身長は，100人のうちの2人くらいが該当します。小児期においても，各年齢の身長基準範囲が明らかとなっていて，この範囲以下の身長の子どもを低身長，この範囲以上の身長を高身長と定義します。なお，成人期の身長は人種によって大きく異なりますが，この差の大部分も遺伝的要因によって生じると推測されます。

②遺伝的因子と環境因子

身体の成長には，遺伝的因子と環境因子の両方が影響します。人間には約3万の遺伝子がありますが，このうちのおそらく数十以上の遺伝子が身長に影響を及ぼすと推測されます。一つひとつの遺伝子が身長に与える効果は数ミリから数センチ程度です。人によってもっている遺伝子の構造や機能に少しずつ差があり，この差の積み重なりによって背が高い人と低い人の違いが生じていると考えられます。一卵性双生児や兄弟姉妹の身長の比較検討などから，遺伝的因子と環境因子がどのくらい強く影響するかが明らかとなっています。現在の日本においては，通常の生活で環境要因が成長に与える影響は比較的少なく，成人期の身長の70～90％程度は遺伝的要因によって決定されると推測されます。

| 男児 | 予測身長＝$\dfrac{\text{父の身長}+\text{母の身長}+13}{2}$ (cm) | 予測身長範囲＝予測身長±9 cm |
| 女児 | 予測身長＝$\dfrac{\text{父の身長}+\text{母の身長}-13}{2}$ (cm) | 予測身長範囲＝予測身長±8 cm |

図 4-2 両親の身長に基づく最終身長の予測式

(出所) Ogata, Tanaka, & Kagami (2007)

そのため，日本人の身長は両親の身長ととてもよく相関します。すなわち，背の高い両親から生まれた子どもは同世代の他の子より背が高くなる傾向があり，背の低い両親の子どもは小柄になることが多いです。これまでの研究から，子どもの身長には，父親と母親の身長がどちらも同じように影響することがわかっています。したがって，子どもが将来おとなになったときにどのくらいの身長になるかは，両親の身長からおおよそ予測することができます（Ogata, Tanaka, & Kagami 2007）。計算式を図 4-2 に示します。大部分の男性は，成人期において予測身長±9 cm の範囲内の身長となり，大部分の女性は予測身長±8 cm の範囲内の身長になります。

一方，成長に大きく影響を及ぼす慢性疾患や環境因子がある場合は，この範囲からはずれることがあり，両親の身長が高くても子どもは背が低くなることがあります。また，慢性的栄養不良状態であったり，重篤な感染症が存在するような環境では，身長は外的環境に大きく左右されます。

なお，新生児の身長は，両親の身長とはあまり相関しないことが知られています。これは，胎児期の成長には，子どもの遺伝的因子のほか，妊娠母体の状態や胎盤機能の状態が強く影響するためです。一方，小児期の身長は比較的よく両親の身長に相関します。思春期にあたる年齢での身長は両親の身長にあまり相関しませんが，これは思春期の出現する時期に個人差が大きいためです。これについては 3 節で後述します。

（2）成長の仕組み

①成長板

身長の増加は，おもに，手足の骨（長管骨）が長くなる（伸展）することに

よって生じます。長管骨の伸展は，それぞれの骨の末端付近にある軟骨の部分で生じます。この軟骨の部分は，「成長板」と呼ばれます。成長板では，内軟骨性骨化と呼ばれる現象が認められます。これは，軟骨細胞が分化・増殖して，骨の長さを伸ばし，最終的に骨組織へと置き換わっていく現象です。この成長板は，思春期ころから徐々に軟骨から骨組織へと置き換えられ，閉鎖していきます。成長板が完全に閉鎖すると，身長増加は停止します。レントゲンで手の軟骨の状態を検査することによって，その子どもはあとどのくらい背が伸びるか予測することができます。

②ホルモンの働き

身体の発育には，様々なホルモンが関与します（図4-3）。身長増加にとくに重要なのは，成長ホルモン，甲状腺ホルモン，性ホルモンです。生まれてから1〜3年の間の急速な身長増加には，成長ホルモンと甲状腺ホルモンがとくに重要です。これらのホルモンが足りないと，低身長をきたします。

成長ホルモンは，脳の下垂体（かすいたい）と呼ばれる組織から分泌されます。成長ホルモンには様々な作用がありますが，もっとも重要なものは肝臓におけるインシュリン様成長因子1（IGF-1）の産生促進です。成長ホルモンは肝臓にある成長ホルモン受容体に結合し，IGF-1産生を促進します。IGF-1は骨にある受容体に結合し，成長板での長管骨の伸展を促します。生まれつき成長ホルモンやIGF-1の分泌に異常がある子どもや，脳腫瘍などによって成長ホルモンの分泌が悪くなった子ども，あるいは成長ホルモンやIGF-1受容体に生まれつき異常がある子どもでは，低身長が認められます。成長ホルモン分泌が悪い子どもに対しては，成長ホルモン補充療法が行われています。

甲状腺ホルモンは，のどにある甲状腺と呼ばれる組織から分泌されるホルモンです。甲状腺ホルモンは身長増加に必要であるだけでなく，知能の発育や全身の代謝調節にきわめて重要です。甲状腺ホルモン分泌が悪い子どもでは，甲状腺ホルモン補充療法が行われます。

思春期の成長スパートには，性ホルモンが重要な役割を果たします。最近の

4章　子どもの身体の発達

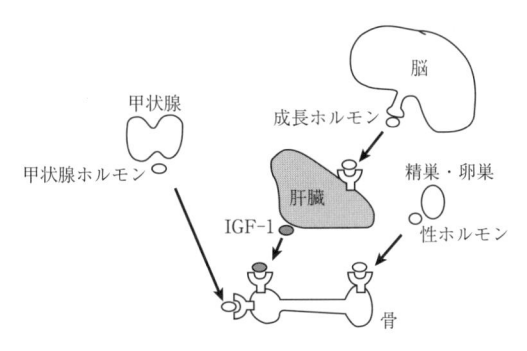

図4-3　成長に影響するおもなホルモン

研究で，骨の成長には男性でも女性でも，女性ホルモンがとくに重要であることがわかってきました。女性ホルモンは，骨の急速な伸びを促すと同時に，成長板を徐々に閉鎖していく作用があります。そのため，女性ホルモンが足りない子どもでは，思春期の成長スパートの時期が遅れ，さらに，思春期年齢以降において身長の伸びが停止しない状態になります（思春期遅発症）。一方，女性ホルモンが早期から過剰に分泌される病気の子どもでは，小児期から成長スパートが始まります（思春期早発症）。このような子どもは，一時的に同年齢の他の子どもより高身長になりますが，早期に成長板閉鎖が起こるため身長の伸びが早期に停止し，最終身長は一般集団よりむしろ低くなることがあります。

（3）成長に影響する因子
①男女差とそれをもたらす因子
　出生時から前思春期（思春期の前）までは，男女の平均身長と成長パターンにほとんど差はありません（図4-4）。一方，思春期以降では，男女に明らかな身長差が認められます。すなわち，日本人では10歳時の平均身長は男性より女性が約2 cm高く，最終平均身長では男性が約13 cm高くなります。これは，女性では男性よりも，思春期発来が早いため早く成長スパートが始まる一方，成長スパートの間の身長増加が小さく，さらに早い時期に成長が停止するためです。とくに思春期の成長スパートの時期の1年間における最大身長増加は，

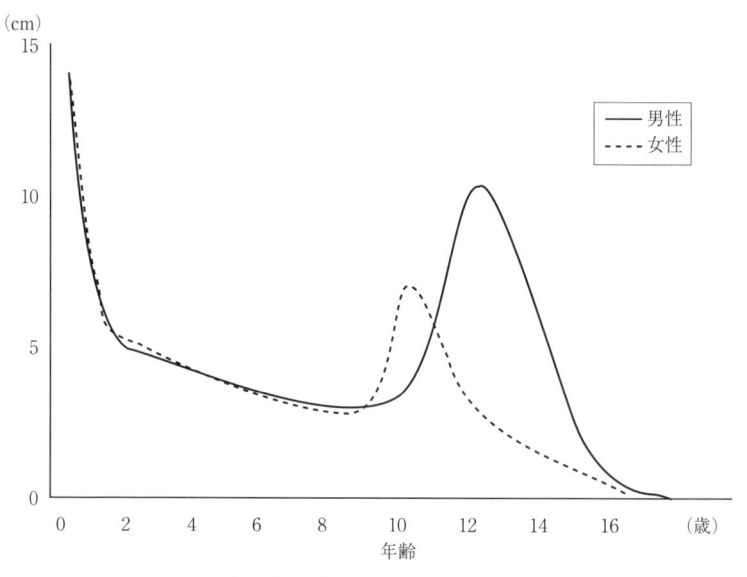

図4-4　男女の成長パターン（1年間の平均身長増加）

男性で平均10～12 cm 程度であるのに対して，女性では，7～8 cm 程度です。このような性差の一部は，男女における性ホルモン量の違いによって説明されます。前述のごとく，成長板の閉鎖には男女ともに女性ホルモンが関与します。女性では男性より早い時期に多量の女性ホルモンが分泌されるため，早期に成長板が閉鎖すると考えられます。また，男性ホルモンには，背を高くする効果があると推測されます。身長の男女差の残りの部分は，男性が，女性にはない成長遺伝子を有していると仮定することで説明可能です。男性だけが有するY染色体上にこのような背を高くする遺伝子があると推測されます。しかし，これまでこの男性特異的成長遺伝子は見つかっていないので，男女の身長差が生じる理由は充分解明されていません。

②様々な環境因子

成長には様々な環境因子が関与します。一つは栄養摂取です。とくに，出生後1～2年の急速な成長には，必要な栄養が摂取されることが重要です。たと

えば，消化管アレルギーなどの理由による蛋白摂取量不足などは成長に影響すると推測されます。また，重篤な感染症や悪性腫瘍などの慢性疾患がある場合，成長が障害されることがあります。さらに，社会心理的な問題によって成長が障害されることがあります。これは，全小児期を通じて起こり得ます。この例としてネグレクトや虐待による低身長が知られています。また，小児期の過剰な運動も成長障害の原因となります。これらの因子は，成長ホルモンなどのホルモン分泌調節の異常を介して低身長を招く場合と，栄養摂取量の変化などホルモン以外の機序で低身長を生じる場合があります。

③胎児期の成長

なお，前述（2節（1））のごとく，胎児期の成長は，胎児自身の遺伝的要因だけでなく妊娠母体の血糖や血圧などの状態や胎盤の機能に影響されます。そのため，胎児に問題がなくても，胎盤機能不全などによって発育不全が生じることがあります。同じ妊娠週数の胎児に比較して体重が少ない場合，子宮内発育遅延と呼びます。子宮内発育遅延の子どもは，出生時に低体重，低身長を認めます。このような子どもの身長・体重は，多くの場合，3歳ころまでに一般集団に追いつきます。これをキャッチアップといいます。一部の子どもでは，キャッチアップが認められず，小児期以降も低身長が持続します。このような子どもでは，生まれつき成長が障害される疾患が認められることがあります。

（4）低身長と高身長

成長に関係する遺伝学的要因もしくは環境要因に問題がある場合は，低身長が生じます。これまで，低身長の原因として，多数の遺伝疾患が明らかとなっています。これらの中には，ホルモン検査や遺伝子検査などによって診断ができるものがあり，一部の疾患では治療が可能です。とくに，成長ホルモンや甲状腺ホルモンの不足などによる低身長では，ホルモン補充療法が有効です。また，栄養不良や慢性疾患などによる低身長は，原因の除去によってある程度改善します。一方，現在，低身長患者さんの中で明らかな原因が見つかる方はむ

しろ少数です。低身長の発症には，これまでにわかっていない遺伝子異常や環境因子が大きく関与すると推測されます。

　高身長の原因は不明であることが多いですが，一部の方では骨成長に関与する遺伝子などの変化が見つかっています。また，小児期に高身長を認める子どもでは，思春期早発症が存在することがあります。これについては3節（2）で後述します。

　低身長や高身長自体はかならずしも病的状態であるとは限りませんが，これらの原因を調べることによって，慢性疾患などが明らかになることがあります。また，著しい低身長や高身長は，子ども本人やその家族に社会心理的問題をきたすことがあります。そのため，ホルモン治療などの対象となることがあります。

3　思春期の身体の発達

　子どもの身体が発達していく過程において，もっとも顕著な変化が認められるのは，出生後の数年間と思春期です。そのため，思春期には様々な発達上の問題が生じます。思春期の発達を見守ることは，子育ての上できわめて重要です。

（1）思春期の仕組み

　思春期には，性腺（男性では精巣，女性では卵巣）から性ホルモンが分泌されるようになり，これによって身体に大きな変化が生じます。第一に，顕著な身長増加が認められます。同時に成長板の閉鎖も進みます。そのため，成長スパートとその後の身長の伸びの停止が生じます。第二に，身体の性的成熟が進行します。女性では，乳房腫大および恥毛と腋毛が認められるようになり，月経が生じます。また，丸みを帯びた成人女性の体型が明らかとなります。男性では，精巣（睾丸）サイズの増大，恥毛と腋毛の出現，声変わり，夢精を認めるようになります。また，筋肉量の多い男性型の体型が作られます。

なお，性成熟の経過は男女で大きく異なります。女性では，8〜9歳ころになって脳から性腺刺激ホルモン（ゴナドトロピンと呼ばれます）の分泌が始まり，この刺激によってはじめて性腺の女性ホルモン分泌が促されます。女性二次性徴の身体所見としてまず認められるものは，乳房腫大です。日本人では平均10.0歳で乳房腫大が認められるとの報告があります。その後，恥毛と腋毛が出現し，平均12.3歳で初経を認めます。二次性徴が出現する時期と進行速度は，人によって大きく異なります。たとえば，早い女児では8歳ころから乳房腫大，10歳ころに初潮を認めます。大部分の女性では，15歳までに初潮を認めます。女性ホルモンの分泌は，閉経まで続きます。男児の思春期は女児よりやや遅く，平均10歳ころに開始します。まず認められるのは，精巣（睾丸）サイズの増大で，平均10.8歳ころに出現します。平均12.5歳に恥毛の出現があり，その後声変わりを認めます。大部分の男児では，17歳までに何らかの思春期徴候を認めます。

　なお，性ホルモンとして働くのは，男性では男性ホルモン，女性では女性ホルモンですが，男女ともにどちらのホルモンも性腺から分泌されています。また，女性ホルモンは，男性ホルモンを基にして体内で産生されます。思春期には一過性にこの男性ホルモンと女性ホルモンのバランスが崩れることがあり，男性でもしばしば乳房腫大を認めることがあります。この症状は，多くの場合数か月〜1年以内に消失します。

　このような思春期の経過は，身長の増加と関連します（2節（3）の図4-4）。一般に女児では，乳房腫大が認められるころから思春期の成長スパートが始まり，陰毛が出現するころが身長増加のピークに相当します。初潮を迎える時期には，成長のピークは過ぎており，数年後に身長増加が停止します。男児では，精巣サイズの増大が認められるころから思春期の成長スパートが始まり，陰毛が出現するころが身長増加のピークに相当します。変声のときには，成長のピークは過ぎています。

（2）思春期に影響を与える因子

　思春期発来時期やテンポの決定には，遺伝的因子と環境因子の両方が関与すると推測されますが，これらの因子の寄与の程度は明らかではありません。両親の思春期発来が早い場合は子どもの思春期発来も早い傾向がありますが，かならずしも明確ではありません。一方，性腺刺激ホルモン（ゴナドトロピン）や性ホルモンの産生や機能に関与する遺伝子は多数わかっており，これらの遺伝子に生まれつき異常がある場合は，思春期遅発症や思春期早発症と呼ばれる疾患を発症します。思春期遅発症や思春期早発症は，ホルモン検査などの方法で診断されます。前述（2節（2））のごとく，著しい思春期早発症は低身長の原因となることがあります。また，思春期遅発症や思春期早発症は，性的成熟の状態が同年齢の他の子どもと異なることによって，子ども本人や家族に社会心理的不利益を与えることがあります。そのような場合は，ホルモン治療の対象となります。また，まれに脳腫瘍に起因する思春期早発症が生じることがあるため，原因がわからない思春期早発症の患者さんには脳の画像検査が行われます。

　思春期発来時期や進行はある程度環境要因によって左右されます。とくに，脳の性腺刺激ホルモン（ゴナドトロピン）分泌は，ストレスや栄養状態などの環境因子の影響を受けやすいことが知られています。なお，成人女性の月経周期の乱れにもこのような環境因子によるゴナドトロピン調節障害が関与していることがあります。

4　子どもの身体の発達を見ることの意味

　人間の身体は，胎児期から小児期，思春期を過ぎて成人となるまで継続的に変化します。発達・発育の調節には様々な外界刺激やホルモンが関与することがわかっています。発達は，多数の遺伝的要因や環境要因の影響を受ける複雑な過程です。身体の発達・発育の程度やテンポには個人差が大きく，発達の指標や身長，あるいは二次性徴の時期が一般集団から離れていても，かならずし

も病的であるわけではありません。一方，発達遅滞，低身長，思春期遅発症などを示す子どもの中には，先天疾患や社会心理的問題を有する子どもが含まれていることがあります。子どもの発達・発育段階の評価を行うことは，支援を必要とする子どもを見つけていく上で重要です。

〈文献〉

阿部敏明・飯沼一宇・吉岡博（編）2003　小児科学新生児学テキスト第4版　診断と治療社

深見真紀　2012　成長および成長障害のメカニズム　小児内科，**44**（4），507-511.

Kliegman, R. M., Behrman, R. E., Jenson, H. B., Stanton, B. M. T., Zitelli, B. J., & Davis, H. (Eds.) 2007 *Nelson textbook of pediatrics* 18th Edition. Saunders.

黒田峡泰弘（編）2006　最新育児小児科学　南江堂

Ogata, T., Tanaka, T., & Kagami, M. 2007　Target height and target range for Japanese children: revisited. *Clin Pediatr Endocrinol*, **16** (4), 85-87.

タナー, J. M.　林正（監訳）1994　成長の「しくみ」をとく　東山書房

5章
子どもの行動観察

加藤志ほ子

保育カウンセリングを行うとき，相談の窓口は，日ごろ保育を担当している専門の保育者となります。日常の保育活動の中から，子どもの気になる行動や言葉の遅れの心配があるときや，情緒統制の発達に問題が感じられるとき，保育の流れの中で，協調性のなさなど保育者が対応できない問題行動を呈するときに，園内で相談・検討した結果，保育カウンセリングへの依頼となります。
　こうした保育カウンセリングの依頼に対して，臨床家はまず，子どもの行動観察をできるだけていねいに行うことから始めることが大切になります。

1　行動観察によるアセスメント

(1) 行動観察の基本

　行動観察は，もともと子どもの観察が起源となっています。児童心理学の最初の文献と言われるティーデマン (Tiedemann, D.) の児童観察記録 (1787年) は，自分の子どもの行動を観察して日記に記録したものであり，19世紀には進化論のダーウィン (Darwin, C. R.) も自分の子どもの行動観察を行っています。また，『*The Mind of the Child* (児童の精神)』(1882年) を著した発達心理学の父と呼ばれる生理学者のプライヤー (Preyer, W. T.) も，息子の行動を誕生から3年間にわたって観察しています。その後，心理学の分野では行動観察による研究が行われるようになっていきました。
　こころの発達の基礎知識としては，乳幼児の愛着についてのスピッツ (Spitz, R. A.) の研究や，ボウルビィ (Bowlby, J.) の愛着 (アタッチメント attachment) 理論 (第3章2節参照) や，マーラー (Mahler, M.) の分離・個体化理論や，スターン (Stern, D.) の自己感の発達と間主観性の理論などがありますが，これらも乳幼児の観察から研究が始まっています。また，ピアジェ (Piaget, J.) が自分の3人の子どもについて行った研究も，縦断的な行動観察から知的機能と感覚運動の発達段階を6つの段階に分けるものでした。
　精神分析の創始者であるフロイト (Freud, S.) も，毎日の臨床経験の中から精神分析的発達理論を構築していますが，糸巻遊びをしている孫を観察してい

た行動観察の中から、対象喪失と喪の仕事（mourning）についての論文を出しています。小児科医のウィニコット（Winnicott, D. W.）は、1950年代に活躍した英国の対人関係論学派の精神分析医でもありますが、小児科医としての毎日の診察室での母親と子どものセットの行動観察が出発点です。診察室で、乳児は母親に抱かれています。乳児は、この絶対依存の状態で、泣きわめいたり、いらだったりして、発散する欲動や感情を環境に支えられながら、コントロール機能（自我）を成長させていくことができると考えました。この環境（母親・保育者・保育所など）の役割が大切で、人生の最初に出会う対象との関係を理論化し、対象関係論へ発展させています。

こうした歴史的経過を見ても、行動観察は、児童心理学やその周辺の分野には欠かせないものとなっています。

（2）保育カウンセリングと行動観察

子どもの観察は、子どもを生物-心理-社会モデルで見る視点を養うことから始まります。子どもがどのように世界を体験し、様々な断片をつなげて自己感を作り上げ、他者との関係性に参加し、発達の各段階の心理社会的な経験を積み、知的な挑戦に出会うかを、理解することが大切になります。子どもを理解するための発達的生物-心理-社会モデルをどのように考えたらよいかについて、保育カウンセリングを行うときに、まず保育の現場で、子どもを観察することから考えていきましょう。

保育カウンセリングの場で、保育者側が「気になる行動」について考えていても、子どもはそれを直接に困ったこと（症状）として話すことができないのが現状であり、ならば、どのようにして子どもの困難な問題を見つけ出して、どのようにして子どもの空想と子どもの現実を見つけていくかを、臨床家は考えていくことになります。子どもの行動観察（臨床面接）は、こうした疑問を探究するための入り口です。様々な年齢と発達段階において、何を観察したらよいかについて考えていくことになります。

子どもは複雑ですが、ひとたび彼らのコミュニケーション様式を理解できれ

ば，その臨床面接を通して，その子ども特有の世界と特別な体験に接近することが可能になり，正確なアセスメントと効果的な解決への道が開かれると，精神科医であり小児科医でもあるワシントン精神分析協会のグリーンスパン（Greenspan, S. I.）は述べています。「臨床家は高度に熟達した観察者にならなくてはならないでしょう。行動観察には，子どもが表しているすべてのデーターを，見ること，聞くこと，そしてそのほかの方法により知覚することが含まれます。子どもの身振り，気分，表わす情緒の種類とタイプ，観察状況の空間との妥協の仕方，おしゃべりや遊びの中に子どもが発展させるテーマ，保育者や観察者を見る様子，または見るのを避ける様子，個人的な関係の持ち方のスタイルと深さ，友達とのコミュニケーションの仕方，子どもの感情やテーマのまとまり方，深さ，年齢相応の適切さなど，すべてが子どもの体験の構造，性質，内容を共有するための媒体となります」（Greenspan, 2003/2008）と述べています。

（3）保育カウンセリングで出会う「気になる行動」

保育現場からの依頼で保育現場を訪問すると，保育者から見てはっきり障害かどうかわからないが，「気になる」行動が目立つ子どもの相談が，少なからずあります。このグレーゾーンにある問題をどのように考えて，対処していくかについての相談は，保育カウンセリングのテーマの一つです。

「気になる行動」とは，特定の活動に苦手さをもつ，動きが多く落ち着きがない，感情のコントロールができない，よく泣く，泣き出すとなかなか機嫌が戻らない，他児と一緒に遊ばない，知的能力は低くなさそうなのに保育活動になじめない，伝えたことをすぐ忘れるなどです（本郷，2006）。この時期の子どもたちは言語表現能力が未熟な状態にあり，また知的能力とは別にコミュニケーションに苦手さを抱えている場合もあります。そのため保護者や保育者は，その行動がどうして起こっているのかを理解しにくいことがあり，また，何とかしたいと思っているにもかかわらず，何から始めてよいか手だてが見つからず，途方に暮れることがあります。

保育カウンセリングで求められる相談で多いのは，まだ「障害」とは診断されていない子どもの「気になる行動」についてです。日本には，1歳半健診や3歳児健診で子どもが順調に育っているかを簡単にチェックしたり，育児不安についても相談できるシステムがあり，また各地域に子育て支援センターができ，健診システムや子育て支援システムができあがりつつあります。子どもの標準的な発達を知ると，それを知って安心することもありますが，他の子どもに後れを取っていないかという不安をあおることもあるようです。子どもの発達はじつは一人ひとり違うもので，ゆっくり発達していく子どももいます。ほとんどの子どもは親の取り越し苦労をよそに，それぞれのペースで着実に育っていきます（中川，1998）。「発達のつまずき」や「障害」については6章・7章に書かれていますが，保育者に「気になる行動」として取り上げられる行動・問題には，具体的には次のようなことが多く，

①言葉の問題
②運動・感覚の問題（粗大運動・微細運動機能・感覚統合系の問題）
③対人関係／社会性の問題

の3つに分類されます。

①言葉の問題

- 言葉の出始めが遅い。
- 言葉が出てきたが，その後，言葉の数がなかなか増えない。
- こちらの言うことがどうもわからないようだ（言語理解力の問題）。
- こちらの言うことは理解しているようだが，言葉でうまく表現できない（言語理解と表出にアンバランスがある）。
- こちらからの話しかけや問いかけを反復して言う（オウム返し）。
- ゴニョゴニョ何か話しているのだけれど，通じない（ジャーゴン）。
- 自分からはたくさんしゃべるのだけれど，こちらの問いかけに応えることがない（会話が一方的）。
- 文法的におかしなところがある。

- 会話でのやり取りができない。
- 相手に通じるように順序立てて話せない。
- 自発的に話しかけてくることが少ない。
- 「いや」とはっきり言えない。
- イントネーションが平坦だったり，尻上がりだったり，アクセントが強くついていたりする（プロソディの問題）。
- 声がやたらに大きかったり，小さかったりする。
- 発音が不明瞭，通じない。
- 言葉の最初の音を繰り返したり，引き伸ばしたりする（吃音）。

②運動・感覚の問題（粗大運動・微細運動機能・感覚統合系の問題）
- 歩き方がぎごちない。
- 抱っこされても異様に体を固くする。あるいはしがみついてこない。
- つま先立ちで歩くことが多い。
- 高いところが異様に好きで，すぐ上ってしまう。
- 一人でくるくる回っている。
- いつも手をひらひらさせたり，ぴょんぴょん飛び跳ねることが多い。
- ごろごろして床に寝そべっていることが多い。
- 触れられるのが嫌い（耳掃除や散髪を異様に嫌がる─感覚過敏）。
- 痛みに鈍感のようで，痛くてもなかなか訴えない。
- 砂や粘土に触れたがらない。
- いつも臭いを嗅いでいる。
- 特定の手触りにこだわる（例：すべすべした布をいつも持っていて触れる）。
- 目の端（横目使い）で物を見ている。
- 聴力には問題がないのに，名前を呼ばれても反応しない。
- ある特定の音に敏感で，怖がる。
- 手先が不器用でビーズの紐通しができず，はさみや箸をうまく使えない。
- お遊戯や手遊びの模倣が下手。

- 年長組になっても縄跳びができない。
- 夜泣きが多い。睡眠のリズムが一定でない。
- チック（例：瞬きを何回もする，咳のような声を何回も出す）がある。
- 身辺自立が遅い（例：年長組になっても排泄が自立していない，一人で着脱ができない）。
- 就学前になっても，よだれが出ている。

③対人関係／社会性の問題
- 視線が合いにくい。
- 一人遊びが多く，他児と遊べない。
- 幼稚園・保育所に行きたがらない。
- 集団への参加がむずかしい。
- 園において先生から離れられない。
- 母子分離不安が強く，お母さんから離れられない。
- 先生とはよく話すのだけれど，子どもとは緊張して話せない。
- 一緒にいるが，楽しんでいるという実感が感じられない。
- 表情が乏しい。
- いつも笑っているような，不自然な笑いが見られる。
- 他児に攻撃的になる。
- 自分の頭を床や壁にごんごんとぶつけていたり，自分の腕を嚙む（自傷行為）。
- 聞き分けがなく，癇癪・パニックが多く，なかなか次の活動に移れない。
- 先生に対しても指示的，支配的な命令口調でかかわる。

　以上のようなことが，相談でよく取り上げられる問題です。母親も「何かおかしい」と感じている場合もあり，保育者も「発達上よく見られる行動」なのか，「発達障害（発達の遅れ）の症状」として見るか，慎重に判断して，鑑別していく力をつけておく必要があります（大橋，2002）。

保育カウンセリングでは，行動観察で得られた理解と，保育者との話しあいの中から，子どもの実態像を，保護者の事情や気持ちを考えながら伝え，理解を共有し，さらに保健師や言語の専門家や小児科医につなげていくことも必要になります。

(4)「気になる行動」の意味や理由をさぐる

行動観察によるアセスメントは，このような「気になる行動」を子どものSOSの表現として捉えなおすことから始まります。「気になる行動」には背景要因があると考えられます。観察者は，観察した「気になる行動」の意味や理由をさぐることから始めることになります。「気になる行動」が明らかに「困った行動」になるのは，保育者が計画している保育活動や，他の子どもたちの活動を邪魔してしまうときです。その背景要因は，単一でなく，いくつかの要因が重なりあっていることが多いと考えられます。それは，子ども自身の特性，年齢，発達段階，子どもを取り巻く環境，関係性などによって異なってきます。また，問題行動の発生や継続には，子どもの情緒（心理）的要因も関与しており，行動の奥にあると思われる情緒（心理）的要因に対するアセスメントも，忘れてはならない視点となります。

こんなとき，「困った行動」をまず記録して，分析していくことも，対応法を考える一つの方法です。誰にとって困った行動なのか，いつどのようなときに起こるのか（登園時，給食時，自由遊びのとき，制作のとき，降園時），どこで起こるのか（教室内，廊下，職員室，園庭，園外活動時，プール），どのような状況で起こるのか（友だちが邪魔するとき，先生が指示するとき，先生以外のおとなが入ってきたとき）などを記録してみると，その子どもの問題となる行動を予測することも可能になってきます（大橋，2002）。

保育カウンセリングで求められることは，臨床的な行動観察や，保育者からの保育所での様子や，家族的な背景などを含んだ子どもを取り巻く情報から，子どもからのメッセージを汲み取り，それを保育者に伝え，支援の具体的な方向性を見出していくことです。具体的な対処法は，子ども一人ひとりの状況に

よっても違いますので，保育現場ではその子どもに適した方法を工夫して取り組む必要があります。

(5) アセスメントの定義

以下，冨田・杉原 (2007) を参考にして，アセスメントについて解説します。

アセスメント (assessment) とは，一般に「査定，評価，判定，所見」と訳されています。

カウンセリングの場面では「クライエントの心理面，社会面，教育面，身体面などがどのような状態にあるかを把握すること」を意味する専門用語として使われています。また，心理学の世界ではアセスメントに関連する用語には「心理査定」と「心理アセスメント」があります。「心理査定」とは知能，性格，発達などの心理的な側面についてテストを用いてその状況を数値やグラフで表し，その結果からその姿を明らかにしようとするものです。「心理アセスメント」とは，テストのみでなく，いくつかのテストを組みあわせて行ったり，面接や行動観察を通して多くの情報を得て，対象の特性を推察し，一定の基準などからその援助の方向を探ろうとするもので，包括的な概念として捉えられています。

一般的にアセスメントは，教育の世界で言う評価 (evaluation)，医学の世界における診断 (diagnosis) という用語とほぼ同義語として捉えることができます。カウンセリングにおけるアセスメントは「クライエントを援助するとき，そのクライエントの育った環境，抱えている問題などを，総合的・包括的に理解し，どのような解決方法があるのかといった援助の方向性を見つけ，クライエントの問題解決をより有効な方法で援助する」との目的で実施されています。また，アセスメントは，援助を行う前に行われるものと，その目的が援助によってどのくらい達成されているかを確認・査定するために行うものとがあります。

保育にこのアセスメントの概念を導入するとすれば，その目的は「子ども (保護者) を援助するために，子どもの抱えている問題を客観的・総合的に判断し，子どもの発達をより有効に援助するための情報を整理・統合し，より有

効な援助の方向をさぐる」ということになります。具体的には，これまでの保育記録などを整理・総括し，さらにより客観的な資料として発達についての記録（心理検査など）や保護者の養育態度などの環境面での記録を収集・統合し，子どもの姿をより詳細に捉えることになります。また，子どもを取り巻く環境すべてについても検討し，積極的に子どもの発達成長を支え，問題をより有効に解決し援助するために行うものといえます。

（6）アセスメントの対象

　子どもの保育・教育支援には，子ども本人のアセスメントがその中心になりますが，とくに保育が対象としている子どもは，乳幼児期の子どもであり，その発達に大きな影響力をもつ母親や父親，きょうだいなどの人的環境と，発達に直接的・間接的にかかわる物的環境もアセスメントには欠かせない対象となります。

2　保育の現場で行う行動観察

　アセスメントの方法には，大別すると「観察法」「面接法」「測定法」の3つをあげることができます。子どもを対象としたアセスメントでは「遊戯（プレイ）」によるアセスメントも有効とされています。ここでは観察法（行動観察）について解説します。

（1）観察法
①行動観察とは
　観察法ではおもに「行動観察」が中心となります。行動観察とは，人の行動を直接・間接的（ビデオに録画するなど）に観察し，その観察記録を分析し，行動の特徴などから対象者を理解しようとするものです。とくに乳幼児は言葉の発達途上にあるために，自分の気持ちや考えをうまく表現できないことも多々あります。また，自分が他人からどのように見られているのか，自分はど

のような気持ちでその行動をとっているのかといった自己意識が未発達な点からも，気持ちが行動に直接表れやすい傾向があります。保育ビデオカンファレンスで，子どもの小さな目の動きや表情までもが再現され，うそをついていても，もじもじしたり，言い訳をしても目をそらしたり，行動のぎごちなさから，その心情が読み取れることもしばしばあります。このように，行動観察は人間の行動特徴を測定して評価する点で，アセスメントの基本的な方法といえます。観察する方法として，検査室で行う場合と，日常の場面を観察する「自然観察法」がありますが，乳幼児の場合，検査室に慣れていないとその部屋にいることだけで緊張して，その子どもの本来の行動の特徴を観察することは困難です。したがって，子どものありのままの姿，日常的な姿をとらえようとするならば，自然観察法が望ましいといえます。

　観察法は，手軽で，誰でもできる方法ではありますが，観察する観点をしっかり絞って実施しないと，観察時間は長くても肝心な情報が得られない場合があります。観察の目的とポイントを決めてから観察を行うことが必要です。

　②行動観察を行う前に
　行動観察を行う前に，観察する子どもに関しての保育者側の情報を得ることと，その子どもの発達の概要を知っておくこと，家族背景についても情報を得ておくことが大切です。また，該当年齢の発達の標準について熟知しておくことは必須事項です。行動観察を行うとき，さらに心がけるべきこととして，事前の情報に囚われることなく，子どもの観察に当たることが，もっとも大切なことになります。行動観察を行っている，今の状況や，今の子どもの様子を観察し，今ここであったできごとから子どもを理解していく姿勢が，子どもの理解を深めることになります。

（2）行動観察の枠組み
　保育カウンセリングでは，まず限られた時間の中で，最大限，自然観察法で行動観察することをお勧めします。その日の朝の登園時間の様子，保育室での

保育プログラムへの参加の様子や，給食の前の手洗いの様子，食事のとり方，昼寝の様子，保護者が迎えに来るまでの夕方の時間帯の様子など，どの局面であっても，その子どもの日常の様子を目撃することになります。できる限り直接観察をすることで，子どもの毎日の生活の様子の一部が観察でき，子どもの理解につなげていくことができます。

グリーンスパン（Greenspan, 2003/2008）は，日常の臨床活動の中から，以下のような枠組みで，観察された行動を正確に記述し，子どもの理解に役立てていくと述べています。

①身体的および神経学的発達の様子，年齢相応の水準であるかどうか
②情緒的トーン（気分）
③他者との関係性の能力
④感情と不安
⑤環境の使用
⑥テーマの発展（コミュニケーションの内容と，コミュニケーションの方法）
⑦主観的な反応（あなた自身の反応について）

以下，グリーンスパン（Greenspan, 2003/2008）にもとづいて，それぞれについて述べてみましょう。

①子どもの身体的・神経学的発達の統合に関係するもの

まず，身体的におよび神経学的に損なわれていないかどうかの水準を観察します。子どもの姿勢，歩き方，バランス，微妙な協調運動，粗大な協調運動，話し方，声の質とトーンなどに気を配ります。注意深い観察により視覚—空間処理の困難さが明らかになるし，握手をすることで，その子の手と目の協調運動が良好かどうかを見ることができます。身長，体重，皮膚の張り，全体的な健康さが発達年齢相当の水準にあるかどうかを観察することになります。4章では，子どもの身体の発達について詳しく述べられています。観察をする対象児の，月齢の平均的発達の特徴をよく知っておく必要があります。

②観察中の子どもの情緒的なトーン

次に大切にすることは，気分あるいは全般的な情緒のトーンです。そしてそれが，観察中にどのように発展するかを見ていくことになります。具体的には，以下のような点です。

- 興奮したり，巻き込まれたりした後，落ち着いて集中するのか？
- 制御が効かないのか，すべての活動においてゆっくりで受動的なのか？ おもちゃやゲームに注意を焦点づけるか？
- 悲しそうな顔をしているか？
- 元気にあふれ，やや軽躁状態か？ 楽観的か？

これらの点が，保育者から伝えられている子どもの情緒的トーンや気分について集められた情報と一致しているかどうかという理解になります。

③他者との関係性の能力

他者との関係をもつことというカテゴリーは，子どもが周りの人たちとのように関係性をもつ能力があるかどうかについてのものです。

- その子どもは他の人と接触しているか？ 彼らとどの程度距離をとっているか？ あるいはひきこもり，よそよそしいか？
- 保育室のプログラムの中で，どのように他の子どもと交流するのか？ ほとんど交流しないのか？
- その子どもにとって保育者との関係はどのように維持されているのか？ 担当保育者との関係や，その他の保育者や補助者との関係はどのように維持されているのか？
- 年下の子どもや他のクラスの子どもとの関係はどのようか？
- 迎えに来た家族とのかかわりはどのようか？
- 気に入っていた遊びを終わらせるときにどのようか？
- お気に入りのゲームに負けたときの相手との関係のもち方はどのようか？
- おもちゃのキャビネットのドアを開けることができなかったときに，手伝ってほしいことをどのように表すか？

手伝いの要求には，依存を巡る複雑な意味の要素があり，表情で示すこともあるし，指さしの動作，姿勢の移動，何か声を出すことなどで他者へ働きかけてくるという行動で処理されるかもしれません。
　観察中に，子どもがあなたにどのようにかかわるかを検討することもあります。子どもがあなたをどう扱うか？
　他者との関係をもつことには発達の水準があり，「言葉」と「ごっこ遊び」を使える水準というのがあります。発達水準の枠組みで見ると，たいていの子どもは，18か月から36か月の間に「言葉」を使うようになります。関係性をうまく処理する次の水準は，子どもが「言葉」や「ごっこ遊び」を自分の表象能力を伝えるために使うだけではなくて，相手との間に論理の橋を作り出すことにも関係しています。幼い子どもでは，関係をもっている感覚は自己中心的な性質を帯びています。4歳，5歳，あるいは6歳までには，多くの相互性の関係を結ぶ力とともに，共感能力さえももてるようになるとグリーンスパンは述べています。

④観察中に巧みに表現されるようになる特別な感情や不安
　子どもが示す感情の範囲と程度は，とても幅広いものです。観察中に表現されるようになる特別な感情や不安（怒り，競争，嫉妬，激怒，同情，共感，世話焼き，情緒的飢餓，攻撃的気持ちを表現する情緒，受身的な憧れの情緒など）がありますが，この他の特異的感情の範囲も幅広いものです。自己主張的な行動，競争的な行動，穏やかな攻撃的行動，爆発的でコントロールされていない攻撃的行動などがこれにあたります。これは愛情や愛着（アタッチメント）の領域でも言えます（無差別な情緒的飢餓，穏やかさや愛情，誠実な温かさの感覚，同情，そして発達的に高等な情緒である共感に至るまで分布しています）。
　逆に，観察中に，比較的静かでほとんど感情を表現しない子どももいます。
　3歳では，いくらかの頑固さと反抗を伴う所有権の主張の強さを見ることが多く，かなり我の強さが観察されます。6歳か7歳までには，3歳よりはより成熟した感情を表現するようになるものです。感情を考えるときは，関係性を

考えるときと同じように，その子に特有な感情のパターンを観察し理解するように努めるとよいでしょう。3章では，こころの発達について書かれていますが，子どもを見るときにこころの発達の準拠枠をもつことが，感情を理解する上でも役に立ちます。

⑤環境を使うやり方

次のカテゴリーは，子どもが環境を使うやり方で，保育カウンセリングの場合は，保育所・幼稚園・認定こども園という空間や，そこのスタッフをどのように使うかを観察することになります。ウィニコットの言う「Holding（抱っこされる環境）」に対応する子どものこころの位置づけになります。自分の居場所として位置づけられ，親が迎えに来てくれるまでの居場所として与えられている空間をどのように使っているかを，子どもが環境を使うやり方として観察することになります。園の玄関からの様子，保育室での様子，園庭に出ていくときの様子，遊具の使い方，手洗いやトイレの使い方，順番を守るやり方，お昼寝の蒲団の扱い方，着替えの様子などを観察します。また，安心していられる場所であるか，強迫的な怖い場所か，部屋中を歩きまわるほどに落ち着かない場所であるかなども観察し，その意味をさぐることになります。

⑥子どもがテーマを発展させるやり方

テーマの発展というカテゴリーに含まれるデータの種類は，言語的コミュニケーションの内容ばかりでなく，子どもがコミュニケーションするあらゆる方法—身振り，お絵かき，遊び，その他の活動を通してのコミュニケーション—も意味します。テーマの発展への注目は，子どもが体験しているであろう葛藤だけでなく，子どもの性格的な構造についてもたくさんのことを示唆すると考えられます。また，それは子どものための適切な支援の道筋への鍵となると考えられます。

⑦観察中に体験した気持ち

行動観察の最後のカテゴリーは，観察者が観察中に体験した気持ちに関するものです。

観察者の中に感じられた感情（子どもと会ってどのように感じたか）を自己分析します。消耗，興奮，怒り，欲求不満があるか？ あるいは，何か観察がうまくいかなかったと感じたか？ 自分の振る舞いに抑うつ感を感じるか？ あるいは，とても気分がいいか？

力動的心理療法⁽¹⁾では治療者の逆転移⁽²⁾を大切に扱いますが，子どもの行動観察の際にも，自分自身に正直になって，観察中に感じたことが何らかの意味で子どもに関係していると考えてみることも，その子どもを理解することに大いに役立ち，重要な資料となるのです。

*

グリーンスパンが述べた行動観察のカテゴリーは，保育カウンセリングの観察の場面で，子どもに出会ったときになされる観察を，系統的にし，その行動観察に潜在的に意味されていることを拡張します。行動は，とても複雑であり，とてもたくさんの変数に基づいているので，それを理解するには多くの次元で同時に見ていく作業が必要です。

3　保育カウンセリングにおける行動観察の実際

事例を通して，グリーンスパンの言う行動観察のポイント・枠組みの実際を，考えてみましょう。

（1）力動的心理療法とは，精神分析の力動的観点に由来している心理療法。心的現象を理解するにあたって，拠って立つ基本的観点を「心的現象の基礎にはさまざまな心的な力（愛情と攻撃性，欲求の充足と禁止，意識することと無意識への抑圧など）が作用しあっている」と考え，人間理解と治療上のアプローチを考える。

（2）逆転移とは，フロイト（Freud, S.）によって提唱された患者に対する治療者側からの無意識的葛藤の転移のこと。最近では，患者に対する治療者の感情や態度全般をも意味するようになってきている。

5章　子どもの行動観察

（1）事例の概要

❖事例：6歳　男児

〇相談内容①　気になる子どものアセスメントと保育に関する助言

- 保育場面の切り替え時や，他児とのかかわりの中で，自分本位に物事が進められないときに感情のコントロールができず，暴言，暴力が抑制できない。制止すると，興奮し大声を出し暴れる。教室の外で話そうとしても聞かない。
- ドッジボールをしていても負けるといやで，友だちに暴言を吐く。「へたくそ」とけなす。
  主導権を取りたがるが友だちがいなくなり，職員と遊ぶしかなくなる。
- 乱暴な言葉が多い。他の子どもと協調的に遊べないので，保育者が「そういう子とは遊びません」「さよならね」と言っても，「おめーどけ！」「邪魔！」「ばかやろー」と騒ぐ。
- 親がお迎えに来ても，衝動的な動きが止まらない。じたばたする。言いきかせると「わかった」と言うが，また始まる。

〇相談内容②　保護者への対応に関する助言

- 母親の育児能力が低く，弟（4歳）や妹（3歳）の世話もあり，追われている印象。
- 他の子どもへの暴力について話をするも，「ぼくしていないよ」と子どもが言うと，子どもの言うことを信じる。保育所での様子を伝えても，自分に都合よく受け取るばかりで，なかなか問題が解決しない。

（2）1回目の保育カウンセリング──6歳の夏の終わり

①ビデオによる行動観察

子どもたちが降園した後，園長と職員らとのカンファレンスになりました。

事例について担当保育者から相談内容について説明がありました。日常の保育所での様子を記録したビデオが用意されています。

ビデオに撮影されているシーンは，

①朝の登園時の様子

②プールで外遊びをしているときの様子
③他のクラス（年中）へ出かけて行き，そのプログラムに勝手に参加して，保育者とかかわろうとしているシーン
④お誕生会で，誕生月でないのに前へ出て行って，みんなの注目を浴びたり，親たちの前で自分勝手に人前にいることを楽しんでいる様子
などが収録されていました。
　これらのカンファレンスのために用意されたものを共有しました。
　ビデオの内容は，具体的には以下のようなものでした。
　①登園してくると，すぐに大きな声で友達にちょっかいを出し，その周辺が騒がしくなる。朝の支度を促す保育者の声に対応しつつ，友だちの様子が気になり，顔は友だちの方へ向けたまま身支度をしている。やや乱暴だが活動的で元気な年長児。
　②プールは大好きなようで，活発にプール遊びをしている。背も高く運動能力もあるので，大きな円形プールの真ん中で勢いよく端から端まで潜ったまま進んだり，水遊びを満喫している。プールをほとんど支配しており，他の子どもたちはプールの端で水に浸かっているだけだったり，ほんの少し水をすくったりしている中で，一段と運動能力も高く，活発な印象を受ける。本人も大変満足そうに動いている。何人かの子どもたちが集まっているところでは，彼らの遊びを邪魔しないように，監視の保育者が「危なくしてはだめだよ」と声をかけるが，水をかけたり邪魔をしたりすることもあり，制止されている。
　③自分の教室での保育内容に飽きたのか，オープン教室のプログラムに入り込んで，勝手に参加し始める。他の子どもたちは静かに椅子に腰かけて保育者の話を聞いている中，話の内容について勝手に話し始めたり，他児に構わずに保育者とコミュニケーションをとろうとしたりする（この後，他の保育者が制止し，教室から連れ出して説得するが，大騒ぎになり手こずったとの追加報告がある）。
　④お誕生会で，はじめは自分の月ではないのでフロア側に着席しているが，思いつくことを発言しながら，次第に前に出ていき，大勢の前で，うろうろと

動き回り，笑顔で発言したりする。周囲は，本人に構わずお誕生会を進めており，観客の父兄も慣れた様子で，やや騒がしく会が進行している。

②カンファレンス

この報告で特徴的だったことは，担当保育者ばかりでなく，保育プログラムを邪魔された保育者や，お誕生会を進行している保育者などからも，本人の自己中心的な行動と，社会性のなさ，やりたいことを禁止されたときの抑制のなさについて活発に発言があり，この子どもについて，保育者皆が困っていることが伝わってきました。

そして相談内容②の保護者への対応についても，たくさんの保育者が「話をしても，自分の都合のよいようにしか反応がなく，わかってもらえないし，変わらない」と話しました。

ビデオから観察されたA君は，グリーンスパンの枠組み（2節（2）に挙げた①～⑦）から考えると，①身体的な発達や運動能力は年齢相応の発達を示しており，むしろ運動能力や周囲への観察力や行動の機動力については力のある様子です。②情緒的なトーンは元気にあふれており，④⑥興味が向くとむしろ軽躁状態になり，関心のあることしか目に入らない，集中力のバランスの悪さがあるようでした。③ビデオの中には撮影されていませんでしたが，A君の行動を禁止し抑止すると，ひどく怒り統制が取れなくなり，爆発的な攻撃行動が出るようです。また，⑤お誕生会のような人前で注目を浴びたり，発言したり行動することは好きなようで，未熟な顕示性や，万能感にひたる自己中心性が目立っていると思われました。⑤保育所のルールや，構造としての環境の認識は十分できており，ルールについても一応理解はできている様子ですが，⑥社会性や共感などのより成熟した感情や関係性が身につかず，未熟な主張を繰り返す段階にいることが推察されました。

こうした自己抑制力は，社会生活をする中で学齢期前までに身につけたい社会性ですが，あと半年で保育所を卒業していくという状況の中で，このコントロールの悪さは，保育所の保育者側には大きな問題として認識されていました。

保護者である母親は，繰り返し保育者たちが訴えるように，事態の理解ができず，自己の都合ばかりを述べて，わかろうとしないという状況のようでした。

　このビデオを用いたカンファレンスでは，上述のA君に関するアセスメントを保育カウンセラーから伝え，何人かの保育者から発言があり，園長も参加して，対応を考えました。担当職員を増やすことによって，保育中のおとなの目を増やし，他の保育を邪魔しないように工夫をし，A君が安定して教室のプログラムに参加できるように仕向け，友だちへの暴力に対してきめ細かに対応するようにしました。母親へも時間を設けて面談をし，お母さんの大変さに共感しつつ，よく話をすることになりました。

（3）2回目の保育カウンセリング——半年後の6歳の2月
　約半年過ぎたころに，再度保育カウンセリングの要請がありました。その後の様子を検討したいので，前回と同じカウンセラーとカンファレンスをもちたいということでした。2回目は，夕方の降園の時間を30分ほど行動観察し，子どもたちが帰宅した後のカンファレンスになりました。

①行動観察時の様子
　お迎えが来るまでの時間，子どもたちは，自由にままごとの道具を使って遊んだり，絵を描いたりしています。A君は6人ほどの子どもたちとトランプに興じています。トランプの間も，椅子から立ち上がったり，席を変えたり落ち着かなさはありますが，ゲームには集中しており，友だちとの交流もあり，リードして，機嫌よく楽しそうに遊んでいます。カードの配り方や扱い方は器用で，指先の運動も，友だちとの距離の取り方も，年齢相応のものと思われます。ゲームで1番になれず，勝った友だちを何とか言い負かそうとしますが，一緒にゲームに参加していた保育者がなだめると，それに従い，次のゲームに進行することになりました。そのとき，面白くなさそうな表情ではありましたが，ルールに従わなければならないと納得し，勝った相手の喜ぶ様子も見ており，相手を尊重している様子に見受けられました。

観察者（カウンセラー）は，広い部屋の一角で，主任保育者と観察していました。A君は，見慣れぬ侵入者を確認しており，時折視線を向けるものの，とくに不安・緊張を引き起こすこともなく，他の園児と同様に，保育所にたまに来る誰かのお迎えのような侵入者として認知している様子でした。A君の表情は安定しており，周囲でままごと遊びをしている年少さんたちや，帰り支度をしている子どもなどにも気を配りながら，リードを取りつつ，保育者が側にいることにもゲームにも満足している様子でした。

　そこへ，母親が迎えに来ると，A君はすぐに気づき，母と連れ立ってきた弟や妹の様子も見ながら，トランプの輪からはすぐに抜けて，帰り支度に入り，足早に弟や妹と母親の後を追って帰宅していきました。

②カンファレンス

　その後のカンファレンスでは，A君は園内での暴力が減り，落ち着いてきたことが報告されました。まだ陰で，決まった相手（こうちゃん，みさきちゃん）に向かって足を引っ掛けたりすることはあるようですが，園内でのおとなの目が増えたことは，A君には効果的であったと考えられていました。1月から職員の目が減ったら，また暴力が少し増えてきたので，職員を配置できたことは一時的にでもA君の自制心を養い，保育所活動全体を円滑に運営することに役立っていたようです。

　母親への面談の効果も手ごたえとして感じられたと報告がなされました。A君のやや過活動的な傾向について，母親としっかり向きあって話をすると，「育児相談へ相談に行きたいと思っている」「アスペルガーの疑いでしょうか」と言い，母親は発達障害傾向を疑っているような発言をしたそうです。これに対し，園長と担任からは「運動会での様子などからも，運動能力についての心配はなく，アスペルガーではないと思う」と話し，むしろ「お父さんにも呼び掛けて，お母さんの大変さを理解してもらいながら，A君や他のきょうだいへの目配りもしていければ」と話したそうです。するとお母さんが落ち着いてきて，A君にやさしくなり，A君が「レゴを作ったのを見て」と言うと見てくれ

るようになり，A君も満足し，初対面の人にも愛嬌をふりまけるようになったと報告がされています。きょうだい関係も，以前は力の強いA君が怒りに任せて弟を噛むようなことがあり，弟や妹は我慢していたということですが，お母さんの安定や変化が，きょうだい関係にもよい影響をもたらし，A君の社会性が育つ方向に変化したようです。

　グリーンスパンの枠組みの，①と②については，前回以上に成長しているA君がいて，③他者との関係の在り方については，1回目のビデオカンファレンスで見られた落ち着きなく自己主張していく行動は2回目には見られず，保育所全体が，安心できる場としてA君に感じられている様子でした。その中で6歳児として友だちや先生と交流しながらお帰りの時間にトランプを楽しむことができる安定性が育っているように思われました。④については前回，保育者たちが扱いに困っていた衝動行為は見られず，さらに，思い通りにならないことや，自己主張や競争も，ゲーム化された遊びの中で，相手の様子を観察しつつおさまりをつけていくことができるようになっていることが観察されました。年配者からの注意・指導に納得するA君は，3歳児のような自己主張ばかりの世界だけで生きているのではなく，卒園に向かって社会性が身についてきている様子が観察されました。

　⑦こうした環境の中で，観察者（カウンセラー）も，自然に教室の中にいられ，目線が合えば笑顔を返し，A君の方も「誰かのお迎えに来ているのかな？」という認識で，安心感のある対応が続いていると感じられました。⑤こうした行動が見られるようになった背景には，A君が保育所全体を安心できる環境として認識し，観察者も心地よくいられる関係があるように感じられました。

③A君・母親・保育者の変化

　この2回目の保育カウンセリングでは，行動観察中には問題行動は観察されませんでした。しかし，保育所の生活の中では，まだ身勝手さや，暴力的な行動も見られるようでした。ただ，今回の行動観察の中から，進歩した社会性の

様子や，衝動コントロールのできてきている様子，園の場面全体が，安心でき，少し主張もでき，我慢もできる，ほどよい場面（環境）として本人の中に納まりつつあることが観察できたことを伝えました。園長も担当保育者も，その他の保育者たちも，問題点を共有でき，園全体で対応を考え，対応し，成果が見られたことに安堵感があるようでした。母親と園長や担当保育者が，しっかり話しあい，母親の不安や大変さが理解されたことから，母親にも変化があり，父親の助けを求めてみるという行動に出たり，育児支援に援助を求めてみることを考えるなど，長男であるA君のことを考えていく姿勢ができたようです。母親の安定が，子どもの安定性につながり，対人関係のスキルや社会性の促進に役立つという形で，本人も保護者も保育者も少しずつ変化できたのではないかと考えられます。残された問題もまだありますが，今後の成長に期待できるということでカンファレンスは終了になりました。

　行動観察をしっかりすることから取り掛かり，そのアセスメントを共有し，協力して保育にあたる大切さを実感できた事例といえます。

＊

　保育カウンセリングの仕事には，1章で書かれているような様々な側面がありますが，臨床家がまず行うことは，事例の行動観察であり，行動観察の枠組みの中で，その子どものアセスメントをして保育者側に伝えていくことから，保育カウンセリングが始まります。

〈文献〉

馬場禮子・青木紀久代（編）2002　保育に生かす心理臨床　ミネルヴァ書房　pp. 101-166.

Bowlby, J. 1969　*Attachment and loss, vol.1 Attachment.* New York : Basic Books.（黒田実郎・大羽蓁・岡田洋子（訳）1976　母子関係の理論1　愛着行動　岩崎学術出版社）

Greenspan, S. I. 2003　*The Clinical Interview of the Child*, Third Edition. American Psychiatric Publishing.（濱田庸子（訳）2008　子どもの臨床アセスメント　岩崎学術出版社）

本郷一夫（編著）2006　保育の場における「気になる」子どもの理解と対応——特別支援教育への接続　ブレーン出版

Mahler, M., Pine, F., & Bergman, A. 1975　*The psychological birth of the human infant.* NewYork : Basic Books.（高橋雅士・織田正美・浜畑紀（訳）1988　乳幼児の心理的誕生　黎明書房）

松本真理子・金子一史（編）2010　子どもの臨床心理アセスメント　金剛出版

中川信子　1998　健診をめぐって　健診とことばの相談　ぶどう社　pp. 9-18.

大橋節子　2002　気になる行動と発達の問題　馬場禮子・青木紀久代（編）　保育に生かす心理臨床　ミネルヴァ書房　pp. 101-166.

Stern, D. N. 1985　*The interpersonal world of the infant.* NewYork : Basic Books.（小此木圭吾・丸田俊彦（監訳）1989　乳幼児の対人関係　岩崎学術出版社）

冨田久枝・杉原一昭（編著）2007　保育カウンセリングへの招待　北大路書房　pp. 45-75.

Winnicott, D. W. 1971　*Playing and reality.* London : Tavistock Publications.（橋本雅雄（訳）1979　遊ぶことと現実　岩崎学術出版社）

6章
子どもの発達障害

中村和彦

子どもの発達障害については，多くの種類の障害があり，お互い合併もするので，理解は難しいです。さらに幼児期においては，障害の症状があいまいなため，実際の保育の場面では障害を意識せずに見ていることが多いです。しかしながら，発達障害について体系的に知識として理解しておくことは，障害がどのように子どもたちに現れ，生活上の支障をきたしていくかなど，子どもたちの将来的な展望を理解する上でも重要なことです。ゆえに本章では，子どもの発達障害全般について総論を述べます。自閉スペクトラム症については，7章で述べられるので，それ以外の発達障害について記述します。

1　発達障害とは

　発達障害は精神疾患の概念に含まれます。疾病というものを扱わない領域の方は，疾病と言うと理解が難しく躊躇されるかもしれませんが，疾病という概念の中で発達障害は体系立てられています。精神疾患の分類については，アメリカ精神医学会の DSM（Diagnostic and Statistical Manual of Mental Disorders 精神疾患の診断・統計マニュアル），世界保健機関（WHO）の国際疾病分類の ICD（International Statistical Classification of Diseases and Related Health Problems　精神および行動の障害：臨床記述と診断ガイドライン）が用いられていますが，2013年に前者が19年ぶりに改訂され，DSM-5（APA, 2013/2014）となり普及しつつあるので，この章ではそれに基づいて記述します。DSM の目的は，臨床家や研究者が種々の精神疾患の診断を下し，意見を交換し，研究を行い，治療を行うことができるよう，診断カテゴリーの明確な記述を提供することにあります。DSM の精神疾患の分類は，精神医学の分野で進歩しつつある知見を今日的に体系化したものについて，合意を得たものを反映したものです。DSM を正しく使用するためには，一定の知識と臨床技能を獲得するための特別な臨床研修が必要です。DSM-III 以来，児童青年期精神医学領域で取り扱われることが多い問題は，「通常，幼児期，小児期または青年期に初めて診断される障害」という大項目に含まれていました。DSM-5 ではこの大分

表6-1 知的能力障害（知的発達症/知的発達障害）の診断基準

> 　知的能力障害（知的発達症）は，発達期に発症し，概念的，社会的，および実用的な領域における知的機能と適応機能両面の欠陥を含む障害である。以下の3つの基準を満たさなければならない。
> A. 臨床的評価および個別化，標準化された知能検査によって確かめられる，論理的思考，問題解決，計画，抽象的思考，判断，学校での学習，および経験からの学習など，知的機能の欠陥。
> B. 個人の自立や社会的責任において発達的および社会文化的な水準を満たすことができなくなるという適応機能の欠陥。継続的な支援がなければ，適応上の欠陥は，家庭，学校，職場，および地域社会といった多岐にわたる環境において，コミュニケーション，社会参加，および自立した生活といった複数の日常生活活動における機能を限定する。
> C. 知的および適応の欠陥は，発達期の間に発症する。

（出所）APA（2013/2014）p. 33.

類が廃止され，いわゆる発達障害に相当する「神経発達症（神経発達障害）群」が創設されました。ここで「神経発達症」と，「障害」ではなく「症」という語が用いられているのは，児童青年期の疾患で「障害」とつくことは，児童や親に大きな影響を与えるため，「障害」という訳語が「症」に変更されたためです（森・杉山・岩田，2014）。DSM-5の神経発達症群（The Neurodevelopmental Disorders）の節において特徴的なこととして，発達期に発症し，早期に顕在化する疾患を，神経発達症群と定義しており，①注意欠如・多動症が神経発達症群に含まれたこと，②自閉スペクトラム症と注意欠如・多動症の合併が認められたことが挙げられます。神経発達症群の項目は，Intellectual Disabilities（知的能力障害群），Communication Disorders（コミュニケーション症群），Autism Spectrum Disorder：ASD（自閉スペクトラム症），Attention-Deficit/Hyperactivity Disorder：ADHD（注意欠如・多動症），Specific Learning Disorder（限局性学習症），Motor Disorders（運動症群）です。本章では，コミュニケーション症群と自閉スペクトラム症以外の各々について説明します。

2　知的能力障害（知的発達症／知的発達障害）

（1）診断基準

　知的能力障害群の中の主な障害である知的能力障害（Intellectual Disability）の診断基準については，表6-1に示します（APA, 2013/2014）。DSM-5の改訂点は，必要とされる支援のレベルを決めるのは適応機能であるため，重症度のレベルはそれぞれのIQの値ではなく適応機能に基づいて定義されるという点です。IQ尺度は妥当性が乏しいからです。つまり今までIQによって重症度レベルが決められていましたが，適応機能に基づくようになりました。知的能力障害の基本的な特徴は，全般的な知的機能（論理的思考，問題解決，計画，抽象的思考，判断，学校での学習，経験からの学習など）の欠陥（基準A）と，個人の年齢，性別，および社会文化的背景が同等の仲間たちと比べて，日常の適応機能が障害されることであり（基準B），発症は発達期の間です（基準C）。知的能力障害の診断は，臨床的評価，知的機能および適応機能の標準化された検査に基づきます。適応機能は3つの領域（概念的領域，社会的領域，実用的領域）に分けられ，それぞれについて，軽度，中等度，重度，最重度について，DSM-5において詳細な記述があります。適応機能については，今後は日本語バージョンが発売されたVineland-II適応行動尺度（Sparrow, Cicchetti, & Balla, 2005/2014）を用いて評価する必要があります（藤川，2014）。

（2）特徴

　有病率は約1％で，男児の場合が多いです。原因は様々あり，出生前要因，出生後要因ともに多様です。症状が重度であれば幼少期より気づかれ，軽度であれば思春期まで気づかれないこともあります。受診の契機としては，幼少期であれば，健診の際に言葉の遅れや語彙数の少なさ，理解力の低さにより疑われます。学童期以降であれば，学業不振や他の児童とのトラブルなどにより疑われます。また合併症（外表奇形，先天性心疾患，成長障害，てんかん）が先に

気づかれた後に，知的障害と診断されることもあります。社会制度としては療育手帳，特別児童扶養手当があります（富永，2014）。

3 注意欠如・多動症／注意欠如・多動性障害

（1）特徴

注意欠如・多動症（Attention-Deficit/Hypeactivity Disorder：ADHD）は，1960年代に微細脳損傷症候群（minimal brain damage syndrome：MBD）と呼ばれていました。これは，脳損傷児の行動特徴として，情緒変動性，落ち着きのなさ，衝動性，注意転導性，しつこさなどを見出し，脳の微細な損傷が中枢神経系に機能不全をもたらし，注意と知覚の特異的障害となって，読み，綴り，計算を習得する学習能力を損なうと仮定しました。1962年には，微細な脳損傷の存在を客観的に証明することが困難ということで，微細脳機能不全症候群と定義されました。また同じ時期に，多動が目立つ子どもを hyperactive child syndrome と呼ぶようになりました。臨床的観察から，多動は児童期に限られており青年期にはつねに軽快すると，1970年代半ばまでは考えられていました。そして1987年，DSM-III-R において，多動性障害は注意欠陥・多動性障害（Attention-Deficit/Hyperactivity Disorder：ADHD）と定義されました（中村，2008）。ただし，DSM-III-R では，おとなの ADHD は定義として含まれませんでした（Adler, 2008）。子どもの ADHD の有病率は3～7％ですが，ADHD の注意欠如，多動性や衝動性の症状は年齢とともに減少し，変化していきます。しかし，30～60％はおとなになっても ADHD の症状が継続します（Weiss et al., 1985；Mannuzza et al., 1993）。

ADHD の DSM-5 でのおもな改訂点として，子どもについては大きな変化はありませんが，成人 ADHD を診断しやすくしたことが特徴です。17歳以上の場合は，「不注意」と「他動性および衝動性」の診断において，6項目ではなく5項目以上でよいこととなりました。また，項目は変化していませんが，思春期，おとなの具体的な例をあげて，診断しやすくしました。また，以前は

7歳までに症状が現れるとされていた診断基準が，12歳までになりました。そして，自閉スペクトラム症の合併が認められました。

　ADHDは男児の方が2倍多く，様々な要因によって発症します。遺伝的な要因としては，脳内のモノアミン系やセロトニン系の合成や代謝に関与する遺伝群との相関が報告されています。環境的な要因としては，胎生期や出産時の問題，妊娠時のタバコ，アルコールなどが報告されています。病態としては，画像研究によって脳内のドパミン系やノルエピネフリン系の伝達系の障害が考えられ，様々な要因がリンクして発症していると考えられています（Hales, Yudofsky, & Roberts, 2014, pp. 249-254.）。

（2）診断基準

　ADHDの診断基準を表6-2で示します（APA, 2013/2014）。DSM-5によると，発達の水準に不相応で，社会的および学業的／職業的活動に直接，悪影響を及ぼすほどの不注意の症状，多動性や衝動性の症状を示します。そして，これらの症状のいくつかが12歳以前に存在し，これらの症状による障害が2つ以上の状況（家庭，学校，職場など）で見られます。さらに社会的，学業的，または職業的機能を損なわせている，またはその質を低下させているという明確な証拠があります。他の精神疾患ではうまく説明できません。診断するためには詳細な発達歴を養育者から聞き，学校，家庭での子どもの行動や授業態度，友人とのかかわりなどを正確に把握することが必要です。診断基準においては，健常な子どもの発達との比較や，教師，養育者からの情報を多面的にどのように診断に生かすかが示されていないので，診断は思ったより難しいものになります。ゆえにたとえばConners 3日本語版（コナーズ）（6～18歳の児童・生徒を対象とした，ADHDおよびADHDと関連性の高い症状を評価する検査）（Conners, 2008）を学校の担任の先生や養育者に施行してもらい判断材料とします。

　合併症に関しては反抗挑発症や素行症を合併することがあり，成人になってから反社会性パーソナリティ障害となることがあります。不安症群を伴うこと

表6-2 注意欠如・多動症/注意欠如・多動性障害の診断基準

A．(1)および/または(2)によって特徴づけられる，不注意および/または多動性-衝動性の持続的な様式で，機能または発達の妨げとなっているもの：

(1) **不注意**：以下の症状のうち6つ（またはそれ以上）が少なくとも6カ月持続したことがあり，その程度は発達の水準に不相応で，社会的および学業的/職業的活動に直接，悪影響を及ぼすほどである：

注：それらの症状は，単なる反抗的行動，挑戦，敵意の表れではなく，課題や指示を理解できないことでもない。青年期後期および成人（17歳以上）では，少なくとも5つ以上の症状が必要である。

(a) 学業，仕事，または他の活動中に，しばしば綿密に注意することができない，または不注意な間違いをする（例：細部を見過ごしたり，見逃してしまう，作業が不正確である）。

(b) 課題または遊びの活動中に，しばしば注意を持続することが困難である（例：講義，会話，または長時間の読書に集中し続けることが難しい）。

(c) 直接話しかけられたときに，しばしば聞いていないように見える（例：明らかな注意を逸らすものがない状況でさえ，心がどこか他所にあるように見える）。

(d) しばしば指示に従えず，学業，用事，職場での義務をやり遂げることができない（例：課題を始めるがすぐに集中できなくなる，また容易に脱線する）。

(e) 課題や活動を順序立てることがしばしば困難である（例：一連の課題を遂行することが難しい，資料や持ち物を整理しておくことが難しい，作業が乱雑でまとまりがない，時間の管理が苦手，締め切りを守れない）。

(f) 精神的努力の持続を要する課題（例：学業や宿題，青年期後期および成人では報告書の作成，書類に漏れなく記入すること，長い文書を見直すこと）に従事することをしばしば避ける，嫌う，またはいやいや行う。

(g) 課題や活動に必要なもの（例：学校教材，鉛筆，本，道具，財布，鍵，書類，眼鏡，携帯電話）をしばしばなくしてしまう。

(h) しばしば外的な刺激（青年期後期および成人では無関係な考えも含まれる）によってすぐ気が散ってしまう。

(i) しばしば日々の活動（例：用事を足すこと，お使いをすること，青年期後期および成人では，電話を折り返しかけること，お金の支払い，会合の約束を守ること）で忘れっぽい。

(2) **多動性および衝動性**：以下の症状のうち6つ（またはそれ以上）が少なくとも6カ月持続したことがあり，その程度は発達の水準に不相応で，社会的および学業的/職業的活動に直接，悪影響を及ぼすほどである：

注：それらの症状は，単なる反抗的態度，挑戦，敵意などの表れではなく，課題や指示を理解できないことでもない。青年期後期および成人（17歳以上）では，少なくとも5つ以上の症状が必要である。

(a) しばしば手足をそわそわ動かしたりトントン叩いたりする，またはいすの上でもじもじする。

(b) 席についていることが求められる場面でしばしば席を離れる（例：教室，職場，その他の作業場所で，またはそこにとどまることを要求される他の場面で，自分の場所を離れる）。

> (c) 不適切な状況でしばしば走り回ったり高い所へ登ったりする（注：青年または成人では，落ち着かない感じのみに限られるかもしれない）。
> (d) 静かに遊んだり余暇活動につくことがしばしばできない。
> (e) しばしば"じっとしていない"，またはまるで"エンジンで動かされているように"行動する（例：レストランや会議に長時間とどまることができないかまたは不快に感じる；他の人達には，落ち着かないとか，一緒にいることが困難と感じられるかもしれない）。
> (f) しばしばしゃべりすぎる。
> (g) しばしば質問が終わる前に出し抜いて答え始めてしまう（例：他の人達の言葉の続きを言ってしまう；会話で自分の番を待つことができない）。
> (h) しばしば自分の順番を待つことが困難である（例：列に並んでいるとき）。
> (i) しばしば他人を妨害し，邪魔する（例：会話，ゲーム，または活動に干渉する；相手に聞かずにまたは許可を得ずに他人の物を使い始めるかもしれない；青年または成人では，他人のしていることに口出ししたり，横取りすることがあるかもしれない）。
> B．不注意または多動性-衝動性の症状のうちいくつかが12歳になる前から存在していた。
> C．不注意または多動性-衝動性の症状のうちいくつかが２つ以上の状況（例：家庭，学校，職場；友人や親戚といるとき；その他の活動中）において存在する。
> D．これらの症状が，社会的，学業的，または職業的機能を損なわせているまたはその質を低下させているという明確な証拠がある。
> E．その症状は，統合失調症，または他の精神病性障害の経過中にのみ起こるものではなく，他の精神疾患（例：気分障害，不安症，解離症，パーソナリティ障害，物質中毒または離脱）ではうまく説明されない。

（出所） APA（2013/2014）pp. 58-59.

もあり，読字障害，算数障害，書字表出障害のような限局性学習症，言語症も合併します（Hales, Yudofsky, & Roberts, 2014, pp.249-254.）。

経過については多様です。思春期に軽快する例や，思春期に各種の二次的情緒障害や神経症様の反応，不登校，怠学，非行，攻撃的な行動などを示す例もあります。ADHDの症状が成人まで残り，反社会性パーソナリティ障害，薬物依存を引き起こす場合もあります（Klein & Mannuzza, 1991；Stein, 2008）。

（３）治療や支援

治療プログラムを立てるにあたっては，理想的には，臨床心理士，ケースワーカー，教師，医師，家族などの包括的な療育，治療，チームアプローチが必要です。①親への面接：疾患理解，子どものできないところばかりに注目せず，得意なところを伸ばすように家族に話をします。②教師への面接：疾患を

6章　子どもの発達障害

理解して，教室で配慮してもらいます。特別支援教育をチームで作って行ってもらいます。③遊びを加味した集団療法：情緒的障害へのアプローチや，必要に応じてソーシャル・スキル・トレーニングを行います。④学習障害を合併する例に対しては，学習に対するアプローチ：間接的教授，直接的教授を行います。⑤薬物療法：約4分の3の子どもに効果があります。

学校においては個々の子どもに合ったカリキュラムが必要ですが，現実的には専門的知識をもった人が少ないです。日本ではADHD児の大部分が通常学級に在籍しており適切な援助も特別な配慮も受けていない場合が多かったのですが，2005年に発達障害者支援法が施行され，教育機関において発達障害児に対して特別支援教育が少しずつ行われるようになってきました。

家族や教師に伝えるADHD児の基本的な理解の仕方として，以下のようなことが挙げられます。①多動などの症状は，その子どもの生来的ないし発達途上における遺伝学的な，あるいは妊娠中ないし出産後のトラブルが原因となって引き起こされる中枢神経の発達障害によるもので，その子どもの努力不足やしつけのせいではないという基本的理解をもつ。②学習能力の習得の困難から派生する二次的な行動や情緒の障害に配慮する。③集団の中での学力の個別的配慮に限界がある場合，家庭との協力体制の中で学力の補償を考える（子どもに合った宿題の提示など）。④普通学級の中だけの補償でなく教育システム全体の中で補償を考える（通級の利用など）。

薬物療法はADHDのおもな治療方法で，メチルフェニデートとアトモキセチンの2種類があります。まず，ドパミン系に作用する長期作用型のメチルフェニデートで，商品名はコンサータです。長期作用型は欧米では以前より用いられており，半減期が12時間と長いため朝一回の服用で効果が一日持続する利点があり，離脱症状（薬を急にやめると不快症状などが起こる）や反跳現象（薬を急にやめるとADHDの症状が以前より強く出現する）が抑えられます。副作用は食欲不振，体重減少，不眠，めまい，胃痛，吐き気です。もう一つは，ノルアドレナリン系に作用するアトモキセチンで，商品名はストラテラです（太田，2014）。

4 限局性学習症／限局性学習障害

(1) 医学分野と教育心理学分野における定義

限局性学習症（限局性学習障害）(Specific Learning Disorder) については誤解されていることが多く，学業成績が思うように伸びない子どもを安易に学習障害と呼んだりすることもあります。医学上，教育上，支援が必要な学習障害は，学校では一クラスに一人はいると考えられます。しかしながら，軽度障害ですので障害が障害として理解されず，まわりの，親，友人，教師に誤解されている場合が多く，障害により自己表示が十分にできず協調性に欠けて浮き上がってしまうところがあり，友だち関係がうまくいかずに集団に適応できないことが多いです。

医学用語では learning disorder を用います。限局性学習症の診断基準は表6-3 に示します（APA, 2013/2014）。学習能力（読み，書き，算数）が，その人の生活年齢，測定された知能，年齢相応の教育の程度に応じて期待されるものより十分に低いこと，そして学業成績や日常の活動を著明に妨害していることが診断基準として挙げられています。障害の種類は大きく3つあり，読字障害 (Reading Disorder)，書字表出障害 (Disorder of Written Expression)，算数障害 (Mathematics Disorder) です。限局性学習症は学童の約5％に見られます (Hales, Yudofsky, & Roberts, 2014, pp.254-259.)。

教育心理学的用語では learning disability を用います。アメリカ Learning Disabilities 合同委員会 (NJCLD) は 1989 年に，「学習障害 (Learning Disabilities) は，聴く，話す，読む，書く，推理する，数学するという能力を獲得し，使用することにおける著しい困難として現れる，多彩な障害群を示す包括的用語である。これらの障害は個人に固有なものであり，中枢神経系の障害を原因とするものと推定され生涯にわたって現れる。自己制御行動，社会的知覚，社会的相互作用上の問題は，学習障害と共存するかもしれないが，それら自体では学習障害を構成しない。学習障害は，他の障害条件（たとえば，感

表6-3 限局性学習症/限局性学習障害の診断基準

A. 学習や学業的技能の使用に困難があり、その困難を対象とした介入が提供されているにもかかわらず、以下の症状の少なくとも1つが存在し、少なくとも6カ月間持続していることで明らかになる：
(1) 不的確または速度が遅く、努力を要する読字（例：単語を間違ってまたはゆっくりとためらいがちに音読する、しばしば言葉を当てずっぽうに言う、言葉を発音することの困難さをもつ）
(2) 読んでいるものの意味を理解することの困難さ（例：文章を正確に読む場合があるが、読んでいるもののつながり、関係、意味するもの、またはより深い意味を理解していないかもしれない）
(3) 綴字の困難さ（例：母音や子音を付け加えたり、入れ忘れたり、置き換えたりするかもしれない）
(4) 書字表出の困難さ（例：文章の中で複数の文法または句読点の間違いをする、段落のまとめ方が下手、思考の書字表出に明確さがない）
(5) 数字の概念、数値、または計算を習得することの困難さ（例：数字、その大小、および関係の理解に乏しい、1桁の足し算を行うのに同級生がやるように数学的事実を思い浮かべるのではなく指を折って数える、算術計算の途中で迷ってしまい方法を変更するかもしれない）
(6) 数学的推論の困難さ（例：定量的問題を解くために、数学的概念、数学的事実、または数学的方法を適用することが非常に困難である）

B. 欠陥のある学業的技能は、その人の暦年齢に期待されるよりも、著明にかつ定量的に低く、学業または職業遂行能力、または日常生活活動に意味のある障害を引き起こしており、個別施行の標準化された到達尺度および総合的な臨床評価で確認されている。17歳以上の人においては、確認された学習困難の経歴は標準化された評価の代わりにしてよいかもしれない。

C. 学習困難は学齢期に始まるが、欠陥のある学業的技能に対する要求が、その人の限られた能力を超えるまでは完全には明らかにはならないかもしれない（例：時間制限のある試験、厳しい締め切り期限内に長く複雑な報告書を読んだり書いたりすること、過度に重い学業的負荷）。

D. 学習困難は知的能力障害群、非矯正視力または聴力、他の精神または神経疾患、心理社会的逆境、学業的指導に用いる言語の習熟度不足、または不適切な教育的指導によってはうまく説明されない。

(出所) APA（2013/2014）pp. 65-66.

覚損傷、知的障害、重度情緒的障害）や、外部的影響（たとえば文化の違い、不十分なまたは不適切な学習指導）と同時に起こるかもしれないが、これらの条件や影響の直接の所産でない」と定義しました。

（2）治療や支援

　LD児（限局性学習症児）は、認知、学習、行動面の軽度の障害のみで、通

常の検査で測定される知能は正常範囲ですので，就学前に確定診断を受けることは難しいです。ただ彼らの多くは，母親によって何らかの理由で気づかれています。たとえば「落ち着きがない」「言語の発達が少し遅れている」「友だちとうまく遊べない」などの気づきがありますが，一般の病院，保健所，児童相談所などを受診しても，適切な指導，助言が得られずに，放置されている場合が多いです。小学校に入学すると，様々な認知，学習面の問題や行動上の問題が顕在化されますが，子どもによってはこの段階になっても適切な指導や助言が与えられないでいます。

　LD児も早期発見・診断して，早期の適切な指導や治療を行えば，障害の発現が軽度になったり，社会への適応がしやすくなります。たとえば読字障害は，幼稚園もしくは小学1年のときに診断をつけ，治療を行うと，軽症の場合は小学2年の終わりには治療の必要がなくなります。治療には，直接教授法（国語や算数を，苦手な部分に着目して個々に対応して教えること）など様々な手法があります。算数障害も小学3年までには特定して，治療を行う必要があります。書字表出障害も，低学年の時期に適切な治療を受ける必要があります。LD児に対しては，特別支援教育において特別支援学級や通級指導教室などで個別指導を行うことが不可欠です。通常教室での授業のみでは，教育効果が期待できないと考えられています（中村，2008；小枝，2014）。

5　運動症群／運動障害群[1]

（1）発達性協調運動症／発達性協調運動障害

　発達性協調運動症（Development Coordination Disorder：DCD）の診断基準を表6-4に示します。（APA, 2013/2014）。発症は幼児期で，運動の里程標（座る，這う，歩く）の遅れが最初の徴候となる場合があり，ナイフやフォークを握る，服のボタンを掛ける，球技をするなどの課題に，はじめて障害が認めら

（1）運動症群の下位項目には「常同運動症／常同運動障害」もありますが，ここでは説明を割愛します。

表6-4　発達性協調運動症/発達性協調運動障害の診断基準

A. 協調運動技能の獲得や遂行が，その人の生活年齢や技能の学習および使用の機会に応じて期待されるものよりも明らかに劣っている。その困難さは，不器用（例：物を落とす，または物にぶつかる），運動技能（例：物を掴む，はさみや刃物を使う，書字，自転車に乗る，スポーツに参加する）の遂行における遅さと不正確さによって明らかになる。
B. 診断基準Aにおける運動技能の欠如は，生活年齢にふさわしい日常生活活動（例：自己管理，自己保全）を著明および持続的に妨げており，学業または学校での生産性，就労前および就労後の活動，余暇，および遊びに影響を与えている。
C. この症状の始まりは発達段階早期である。
D. この運動技能の欠如は，知的能力障害（知的発達症）や視力障害によってはうまく説明されず，運動に影響を与える神経疾患（例：脳性麻痺，筋ジストロフィー，変性疾患）によるものではない。

（出所）　APA（2013/2014）p. 73.

れます。学童期前半は，パズルを組み立てる，模型を作る，球技をする，書字をする，などの運動面に困難さがあります。診断が実際につくのは学童期です。

　幼児期における運動の発達が，同じ年齢の多くの子どもと比較して遅れているかどうかを，毎日の生活で把握している可能性が高いのは，幼稚園・保育所の保育者たちです。DCDは知的能力障害，限局性学習症，ASD（自閉スペクトラム症），ADHDと高い確率で併存します。5歳児健診はDCDの早期発見に役立ちます。幼児期は，体力よりもむしろ運動の基礎となる多様な動きを幅広く獲得すべきです。幼児が楽しく身体を動かして遊んでいるうちに，多様な運動を経験し，動きが洗練していくように，指導の在り方を工夫する必要があります。

　DCDの特性である不器用さを，経験不足や個人の気質の問題として扱い，発達の問題として取り上げない傾向があります。しかしながら不器用さに対する支援は必要です。まだ十分な支援体制はありませんが，今後，実際の対応や訓練・指導方法についての情報の啓蒙や，実際のプログラムの充実が必要です。（宮原・七木田・澤江，2014）。

（2）チック症群／チック障害群

　チック症群（Tic Disorders）の診断基準を表6-5に示します（APA, 2013/

表6-5　チック症群/チック障害群の診断基準

注：チックとは，突発的，急速，反復性，非律動性の運動または発声である。

トゥレット症/トゥレット障害
A. 多彩な運動チック，および1つまたはそれ以上の音声チックの両方が，同時に存在するとは限らないが，疾患のある時期に存在したことがある。
B. チックの頻度は増減することがあるが，最初にチックが始まってから1年以上は持続している。
C. 発症は18歳以前である。
D. この障害は物質（例：コカイン）の生理学的作用または他の医学的疾患（例：ハンチントン病，ウイルス性脳炎）によるものではない。

持続性（慢性）運動または音声チック/持続性（慢性）運動または音声チック障害
A. 1種類または多彩な運動チック，または音声チックが病期に存在したことがあるが，運動チックと音声チックの両者がともにみられることはない。
B. チックの頻度は増減することがあるが，最初にチックが始まってから1年以上は持続している。
C. 発症は18歳以前である。
D. この障害は物質（例：コカイン）の生理学的作用または他の医学的疾患（例：ハンチントン病，ウイルス性脳炎）によるものではない。
E. トゥレット症の基準を満たしたことがない。

暫定的チック症/暫定的チック障害
A. 1種類または多彩な運動チックおよび/または音声チック。
B. チックの持続は最初にチックが始まってから1年未満である。
C. 発症は18歳以前である。
D. この障害は物質（例：コカイン）の生理学的作用または他の医学的疾患（例：ハンチントン病，ウイルス性脳炎）によるものではない。
E. トゥレット症または持続性（慢性）運動または音声チック症の基準を満たしたことがない。

（出所）　APA（2013/2014）pp. 79-80.

2014)。チック症群は，トゥレット症，持続性（慢性）運動または音声チック症，暫定的チック症から構成されます。チックは突発的，急速，反復性，非律動性の運動または発声です。チックは単純性か複雑性かのどちらかです。単純性運動チックは，まばたき，肩すくめ，四肢の伸展などです。単純性音声チックは，咳払い，鼻鳴らし，うなりなどです。複雑性運動チックは，持続時間がより長く，頭の回転と肩すくみが同時に起こったりします。複雑性音声チックは自分自身の発する音声や言葉の繰り返し，最後に聞いた言葉や音節の繰り返

し，猥褻な言葉の使用などがあります。

　チックは小児期によく見られますが，たいていの場合は一過性です。チックの発症は通常 4 〜 6 歳の間で，重症度のピークは10〜12歳です。併存症については，注意欠如・多動症や強迫症が多いです。治療には，心理教育，行動療法，薬物療法があります（安田・橋本・武田，2014）。

＊

　以上のように，神経発達症群について述べました。就学前の幼児では，適応機能の明らかな障害を示す知的能力障害，自閉スペクトラム症，チック症などは診断がつきやすいのですが，確定診断に至らない場合もあります。注意欠如・多動症や限局性学習症は，基本的には就学後に診断が確定されます。筆者らも保健師，心理士などと 5 歳児健診を行っていますが，各障害が認められるにもかかわらず，診断されず療育的アプローチのされていない幼児を散見します。幼児にかかわる人たちが医学的知識を持つことは，障害を早期に見つけることにつながるゆえ，重要なことであると考えます。

〈文献〉

Adler, L. A. 2008 Epidemiology, impairments, and differential diagnosis in adult ADHD : Introduction. *CNS Spectrums*, **13**, 4-5.

American Psychiatric Association (APA) 2013 *Diagnostic and Statistical Manual of Mental Disorders, Fifth Edition : DSM-5*. American Psychiatric Publishing.（日本精神神経学会（日本語版用語監修）髙橋三郎・大野裕（監訳）2014 DSM-5 精神疾患の診断・統計マニュアル　医学書院）

Conners, C. K. 2008 *Conners 3*.（田中康雄（監訳）坂本律（訳）2011 Conners 3 日本語版 マニュアル　金子書房）

藤川洋子 2014 Intellectual Disabilities（知的能力障害）　児童青年精神医学とその近接領域，**55**（5），537-543.

Hales, R. E., Yudofsky, S. C., & Roberts, L. W. 2014 *The American Psychiatric Publishing textbook of psychiatry*, sixth edition. American Psychiatric Pub.

Klein R. G., & Mannuzza, S. 1991 Long-term outcome of hyperactive children :

A review. *Journal of the American Academy of Child and Adolescent Psychiatry*, **30**, 383-387.

小枝達也 2014 限局性学習症 連合大学院小児発達学研究科・森則夫・杉山登志郎（編） 神経発達障害のすべて DSM-5 対応 日本評論社 pp. 85-89.

Mannuzza, S., Klein, R. G., Bessler, A., Malloy, P., & LaPadula, M. 1993 Adult outcome of hyperactive boys : Educational achievement, occupational rank, and psychiatric status. *Archives of General Psychiatry*, **50**, 565-576.

宮原資英・七木田敦・澤江幸則 2014 発達性協調運動障害 連合大学院小児発達学研究科・森則夫・杉山登志郎（編） 神経発達障害のすべて DSM-5 対応 日本評論社 pp. 90-94.

森則夫・杉山登志郎・岩田泰秀（編著）2014 臨床家のための DSM-5 虎の巻 日本評論社

中村和彦 2008 広汎性発達障害と注意欠陥／多動性障害 森則夫（監修）中村和彦（編） 子どもの精神医学 金芳堂 pp. 174-197.

太田豊作 2014 Attention-Deficit/Hyperactivity Disorder（注意欠如・多動症／注意欠如・多動性障害） 児童青年精神医学とその近接領域, **55** (5), 527-535.

Sparrow, S. S., Cicchetti, D. V., & Balla, D. A. 2005 Vineland Adaptive Behavior Scales Second Edition. Pearson.（辻井正次・村上隆（監修）黒田美保・伊藤大幸・萩原拓・染木史緒（作成）2014 日本語版 Vineland-II 適応行動尺度 日本文化科学社）

Stein, M. A. 2008 Impairment associated with adult ADHD. *CNS Spectrums*, **13**, 9-11.

富永康仁 2014 知的障害 連合大学院小児発達学研究科・森則夫・杉山登志郎（編） 神経発達障害のすべて DSM-5 対応 日本評論社 pp. 38-42.

Weiss, G., Hechtman, L., Milroy, T., & Perlman, T. 1985 Psychiatric status of hyperactives as adults : A controlled prospective 15-year follow-up of 63 hyperactive children. *Journal of the American Academy of Child and Adolescent Psychiatry*, **24**, 211-220.

安田由華・橋本亮太・武田雅俊 2014 チック障害とトゥレット障害 連合大学院小児発達学研究科・森則夫・杉山登志郎（編） 神経発達障害のすべて DSM-5 対応 日本評論社 pp. 98-103.

7章
子どもの自閉スペクトラム症/自閉症スペクトラム障害

別府　哲

保育所や幼稚園で，集団に入れない，落ち着きがない，おとなの指示がきけないなど，ちょっと気になる子のことがよく話題になります。保育所や幼稚園で取り組む課題が難しく「できない！」と強く思えば，嫌になって落ち着きがなくなります。家族が大変でイライラしていると，子どもはそのしんどさをそのまま引き受けてしまい，やはり落ち着きがなくなります。子どもの気になる行動の原因は，このように多様です。しかしその中で，取り組む課題や家庭といった子どもにとっての環境とは別に，子ども自身が気になる行動をしてしまう要因としての障害をもっていることがあります。

　ここでは，その一つである自閉スペクトラム症を取り上げます。そしてその障害をもっている当事者が，どのようなことに，どのように困ったり苦しみ，あるいは喜びを感じるのかという内面に視点を向けながら，その理解と支援について考えてみることとします。

1　偏食が強く，友だちとうまくかかわれない4歳のショウ君

　ショウ君（仮名）は，背は小さいですが目がくりくりとしたとても可愛らしい男の子です。ただ，お母さんは保育所に入園する前から，ご飯を食べてくれないことでとても悩んでおられました。入園時に食べることができたのは，白いご飯とから揚げ，他はお茶・水と市販のお菓子だけ。給食でショウ君が食べられるものはほとんどないのです。毎日給食の時間，彼は怒っていました。

　入園後のある日，給食には彼が食べることができる白いご飯が出ました。それなのに，ショウ君は怒って食べませんでした。何回かそういうことがあり，不思議に思って記録をとると，どうも午前中の活動が長引いて給食が遅くなった日は，白いご飯があっても怒っている。お母さんに話すと，「あ，先生に言ってなかった。うちの子は炊き上がってから1時間以内のご飯でないと食べないんです」。ショウ君は，炊き上がりから時間がたつと白いご飯の味が落ちることまでわかる味覚の敏感さがあったのです。

　給食以外の時間は，砂場で穴を掘ったりするのは好き。しかし，思い通りに

ならないことがあるとすぐそれを放ってどこかへ行ってしまい，遊びが続きません。園庭でスクーターを見つけると，「これトラクター，あ，いいこと思いついた」などと言いながらスクーターの籠をトラクターの荷物を載せる部分に見立てて物を載せたりします。そのとき，友だちがすでにスクーターに手をかけて乗ろうとしていても，おかまいなし。自分のものにして乗っていきます。トラクターや農機具は小さいころから大好きで，家の近所の農家に立ち寄ってはそれをじっと嬉しそうに見ているとお母さんから聞きました。一方，スクーターの籠をトラクターの荷物を載せる部分に見立てて遊んでいるショウ君を見て，友だちが「ユウ君のも載せて」と積み木を載せようとしたりすると，突然「やめろ，もう―怒ったぞ！」と声を荒げ，相手を突き飛ばしたり蹴ってしまうのでした。

2 自閉スペクトラム症／自閉症スペクトラム障害
―― DSM-5 による診断基準

　ショウ君は，自閉スペクトラム症（Autism Spectrum Disorder）の診断基準に該当する子どもです。6章にも述べられているように，こういった発達障害を含む精神障害については，現在，統一的な基準で診断をするという趣旨で，世界保健機関（WHO）による ICD（International Statistical Classification of Diseases and Related Health Problems）と，アメリカ精神医学会による DSM（Diagnostic and Statistical Manual of Mental Disorders）という2つの診断基準が作られています。両者は共通した部分が多いのですが，DSM は2013年に改訂され，DSM-5 となりました。それに伴い現在の ICD（2015年4月現在は ICD-10）も数年後に改訂される予定です。ここでは最新の診断基準ということで，DSM-5 を取り上げます。

　自閉症（autism）は，ウィング（Wing, L.）の疫学的研究を端緒とし，①社会的相互作用の質的障害，②コミュニケーションの質的障害，③想像力の欠如とこだわりの3つの特徴（これを，ウィングの3つ組と呼びます）を示すものとされています。DSM-5（APA, 2013/2014）では，ウィングの3つ組の①，②

表7-1 自閉スペクトラム症／自閉症スペクトラム障害の診断基準

> A. 複数の状況で社会的コミュニケーションおよび対人的相互反応における持続的な欠陥があり，現時点または病歴によって，以下により明らかになる（以下の例は一例であり，網羅したものではない）。
> (1) 相互の対人的—情緒的関係の欠落で，例えば，対人的に異常な近づき方や通常の会話のやりとりのできないことといったものから，興味，情動，または感情を共有することの少なさ，社会的相互反応を開始したり応じたりすることができないことに及ぶ。
> (2) 対人的相互反応で非言語的コミュニケーション行動を用いることの欠陥，例えば，まとまりのわるい，非言語的コミュニケーションから，視線を合わせることと身振りの異常，または身振りの理解やその使用の欠如，顔の表情や非言語的コミュニケーションの完全な欠陥に及ぶ。
> (3) 人間関係を発展させ，維持し，それを理解することの欠陥で，例えば，さまざまな社会的状況に合った行動に調整することの困難さから，想像上の遊びを他者と一緒にしたり，友人を作ることの困難さ，または仲間に対する興味の欠如に及ぶ。
> B. 行動，興味，または活動の限定された反復的な様式で，現在または病歴によって，以下の少なくとも2つにより明らかになる（以下の例は一例であり，網羅したものではない）。
> (1) 常同的または反復的な身体の運動，物の使用，または会話（例：おもちゃを一列に並べたり物を叩いたりするなどの単調な常同運動，反響言語，独特な言い回し）。
> (2) 同一性への固執，習慣への頑ななこだわり，または言語的，非言語的な儀式的行動様式（例：小さな変化に対する極度の苦痛，移行することの困難さ，柔軟性に欠ける思考様式，儀式のようなあいさつの習慣，毎日同じ道順をたどったり，同じ食物を食べたりすることへの要求）。
> (3) 強度または対象において異常なほど，きわめて限定され執着する興味（例：一般的ではない対象への強い愛着または没頭，過度に限局したまたは固執した興味）。
> (4) 感覚刺激に対する過敏さまたは鈍さ，または環境の感覚的側面に対する並外れた興味（例：痛みや体温に無関心のように見える，特定の音または触感に逆の反応をする，対象を過度に嗅いだり触れたりする，光または動きを見ることに熱中する）。

（出所） APA（2013/2014）pp. 49-50.

をまとめて「社会的コミュニケーションおよび対人的相互反応における持続的な欠陥」，③を「行動，興味，または活動の限定された反復的な様式」とし，この2つの特徴を診断基準としています（表7-1参照）。ショウ君の例ともつなげながら，以下でもう少し詳しく説明をします。

（1）社会的コミュニケーションと社会的相互作用の持続的な欠陥
　①社会性の質的障害
　自閉スペクトラム症のある子どもは，言葉や身振り，表情などによって他者

と社会的にやりとりをすることに，質的な障害をもつことを特徴とします。たとえばショウ君は，5歳後半になった年長児のときも，友だち2人が○○レンジャーの話をしているところに突然近寄り，「トラクターは強いんだ」と話し出しました。会話の流れに沿わない言葉に相手が驚いていてもおかまいなしで，トラクターの話を延々と続けたりするのです。

　子どもは小さいころ，相手の話の流れや文脈に関係なく，自分の話したいことを自分のペースで話すことがよくあります。ただ後でふれるように，相手や自分のこころを推論するこころの理論（Theory of Mind）を獲得する4歳後半になると，文脈や話の流れを考えた言動を行うように変わります。たとえば，園に来た教育実習のお姉さんに，「アンちゃんがねえ，泣いちゃってねえ…」と突然言った際に，お姉さんが「え？」と怪訝そうな顔をすると，「アンちゃんっていうのは，赤ちゃんでねえ，△組さんにいて…」と説明してくれます。これは，自分の言葉が相手にどう理解されているかを推論できるため，怪訝な表情を見て「お姉さんはアンちゃんって知らないんだ」と推論し，言葉を足してくれたのでしょう。ショウ君の先ほどの姿は，そのように自分の言葉が相手にどう受け止められているかを考え，相手のこころを推論しながら相互作用することがうまくできないことを示しているのです（表7-1のA(1)）。

　他にも，相手とやりとりをする際の特徴的な言動があります。たとえば，通常は相手と話をするときは，相手の目を見て，自分の言っていることを相手がどう感じているかをさぐります。相手が話しているときにも，目を見ながらうなずくことで賛同の意（逆に目を見ながら首をかしげれば，疑問，あるいは不同意）を示したりします。アイコンタクトをどこでどう行うかは，相手とやりとりをする際の重要な非言語的コミュニケーションです。ところがショウ君は，話をするとき相手の目をあまり見ません。相手の目を見る場合にも独特な視線を向けるときがあります。よくいわれるのは，視線の方向はこちらを向いているのに，見られている側からすると，何か自分をすり抜けて自分の後ろの遠くを相手が見ているような感じ（村上，2008）です。いずれも，アイコンタクトという非言語的コミュニケーションの手段を，相手とのコミュニケーションの

ためにうまく使えていないという特徴を示しています（表7-1のA(2)）。

②仲間関係がうまく作れない

彼・彼女らは，上で紹介したようなことを日常的に繰り返すことにより，仲間関係がうまく作れないことが少なくありません。ショウ君は友だちに関心がないわけではなく，かかわりたい気持ちはあります。それで友だちに近寄るのですが，自分の思いと違うと相手に怒ってしまうのです。その結果，相手がショウ君を恐がり近寄らなくなってしまいました。一方，同じ自閉スペクトラム症の子でも，一見友だちに関心がない子もいます。一日中，園庭のにわとり小屋の前に座り一人で地面に絵を描いていたりします。これは表面的な姿なので，その子の内面や思いではないかもしれません。しかしいずれにしても，その仲間との関係づくりが年齢相応にはうまくできないことが多いのです（表7-1のA(3)）。

③質的障害ということ——量的欠損ではない

もう一つ付け加えたいのは，自閉スペクトラム症の子は，相手の気持ちを考えたり，コミュニケーションでアイコンタクトを使うことが「できない」わけではないということです。「友だちに物を貸してもらったら『ありがとう』と言うと相手の子は嬉しいよ」と教えてもらった，6歳の自閉スペクトラム症のアキラ君。仲のよい子同士が相手からクレヨンを借りても何も言わないと，「ありがとうは？（言わなきゃだめでしょ！）」と急にその子に怒り出しました。その子たちは借りた後，お互いに目線を合わせニコッとすることで「ありがとう」のサインは出していました。だから，怒る彼にびっくりした表情をしていました。これは上の診断基準でいえば，アキラ君が，非言語的コミュニケーションの理解ができていないことを示しています。しかし一方でアキラ君は，教えてもらったことを基に，クレヨンを貸したのに相手が「ありがとう」と言ってくれないことで，貸した子が怒っていると思ったのかもしれません。彼が怒ったのは，その子の気持ちをおもんぱかっての代弁行動でもあった。そう

考えればアキラ君は，相手の気持ちを考えようとし，彼なりに考えたともいえます。ただ彼の相手の気持ちを考えるやり方と内容が，障害のない子とずれ（gap）ていたのです。

　質的障害ということは，コミュニケーションや社会性の言動そのものが「できない」という量的欠損ではなく，かつ，そういうことを「やろうとしない」動機づけや意欲の問題でもないことを意味します。彼・彼女らは，社会性を発揮しようとしたり，コミュニケーション行動をとろうとするし，そのレパートリーももっている。しかしそれが障害のない人とずれることで，そういった言動が本来もっている機能を行使できないのです。質的障害ととらえれば，支援の方向性としては，周りの人が自閉スペクトラム症の子の思いや感じ方に寄り添うこと，そしてずれを埋め，共有経験を豊かに保障することが考えられます。それはその後，彼・彼女らが本来もっている，周りの人とかかわりたい動機を強め，それが社会性を学び育てることにつながると推測されます。後の3節で詳しく述べます。

（2）行動，興味，または活動の限定された反復的な様式
①こだわり

　これはよく，保育・幼児教育現場では，「こだわり」として取り上げられます。たとえば，園庭で突然くるくる回りだしたり，手のひらを光にかざしてひらひらしそれを見つめるといった，同じ運動を嬉しそうに繰り返します。他にも，ミニカーを机の端に沿うように一列に並べ続けそれを横からじっと見つめるといった，同じおもちゃでの同じ遊びを延々と行ったり，同じ言葉を繰り返す反響言語（echolalia）もあります（表7-1のB⑴）。部屋へ入るとき，戸を何度も開け閉めしないと次の行動へ移れないとか，スーパーへ行くときは，工事をしていようが同じ道でないと怒り出すという，同じこと（同一性）へのこだわり（sameness）（表7-1のB⑵），女性の髪の毛をいつもさわりたがるとか，換気扇を見つけるとそこにいつも行って見たがるといった，特定の制限されたものへの強い固執した興味（表7-1のB⑶）などがあります。ショウ君のト

ラクターや農機具への強い興味はこれにあたります。他にも，恐竜，地図，時刻表，数，自動車など，特定の領域に強い興味と知識をもつことはよくあります。その知識が年齢不相応にすごいので，「〇〇博士（たとえば，恐竜博士）」と呼ばれるほどであったりします。

ただいずれも，それが頻回にあったり，それをやめさせようとすると激しく怒り出すことで，家庭生活や保育・教育をしていく上でおとなが困るほど激しいことが特徴です。

②こだわりの意味——反響言語を例に

この「こだわり」はおとなにとっては困った行動です。一方，当事者の子どもにとっては様々な意味があることも知られています。ある特別支援学校中学部に通う知的障害をもった自閉スペクトラム症の子は，私が発達検査をしていると突然「首切ってええか」と言い出しました。私が驚いて「首切ったら大変だよ」と言うと彼は，「首切ったら血が出てすーっとする，首切ってええか」と繰り返す。お母さんによるとこの言葉は，これまでも何度も言ってきたこと，そしてそれは嫌な場面で繰り返されるとのことでした（別府，2012）。この反響言語は同じ言葉へのこだわりともいえます。しかし彼はたぶん，この言葉を言えば相手が驚く，そして嫌な課題をやめられることを，経験の中で学習しているようにも感じました。この反響言語は彼にとって，「今やっていることをやめてほしい」という要求のメッセージを内包した確かな言語でもあったのです。

同じ反響言語でも，まったく違う意味をもつこともあります。小2の特別支援学級の子が，いつも意味のわからない言葉を繰り返し言うという相談を受けました。その言葉をとにかく書きとってくださいとお願いしたら，次のとき書いてきていただけました。それは「うそいたえまりたあ」。先生は「私この意味，わかったんです」「これは，『当たり前体操（その当時流行っていたTVでのネタで彼はこれが大好き）』です」。彼の言葉は逆さ言葉（「うそいたえまりたあ」→逆に読むと，「あたりまえたいそう」）だったのです。意味がわかった先生

は，彼の言葉をさぐるのが面白くなり，一緒に逆さ言葉を言って楽しむことが増えました。するとそういうとき，彼がにたにたしながら先生に近寄ることが見られるようになりました。ここでの反響言語は，自閉スペクトラム症の彼にとっては，楽しい世界（言葉の意味＋逆さ言葉の音の響き）の表現だったと思われます。

　こだわりはただの「困った」言動ではなく，当事者にとっていろいろな意味をもったものです。それをさぐり共有することが，自閉スペクトラム症の子どもに自分をわかってくれたという感覚を生じさせ，相互理解の大切な手掛かりとなっていくのです。

③感覚過敏・鈍麻

　これは従来から臨床的にはその存在を感じられていましたが，近年，高機能自閉症やアスペルガー症候群の当事者による自伝[1]（日本でいえば，綾屋，2013；小道，2009；ニキ・藤家，2004など）で，確証されるところとなりました。そして，DSM-5ではじめて診断基準に含まれることになったものです（表7-1のB(4)）。

　感覚入力が過剰になる感覚過敏については，下記のような例が指摘されています。たとえば触覚過敏（不意に体をさわられると体に電流が走るような激しい不快感を覚える，口の中の触覚過敏があると歯磨き，頭皮の触覚過敏では洗髪が耐

（1）高機能自閉症とは，自閉症でありかつ知的障害がない（IQが70以上）ものをさします。アスペルガー症候群（Asperger Syndrome）は，DSM-IV-TRによれば，ウィングの3つ組のうち，①社会的相互作用の質的障害と③想像力の欠如とこだわりは見られますが，②コミュニケーションの質的障害は満たさないものをさします。②を満たさないということは，コミュニケーションの重要な指標である言語発達に遅れがないということでもあり，高機能自閉症同様，知的障害はないことを示しています。現在のDSM-5では，幅をもつ連続体としてのスペクトラム（spectrum）の考えを採用していますので，こういった診断名は用いません。ただDSM-5以前では，高機能自閉症とアスペルガー症候群が，知的障害のない自閉症を扱う呼称として用いられており，現在の日本でも一般にはそのような理解がされています。

えられない，服に水—おしっこを含む—が少しでもつくとすぐ服を脱いで着替えないと気がすまない），聴覚過敏（園庭で皆が集まるときのような，ざわざわした音が耐えられない，大きな音—先生の怒り声，音楽—による激しい不快感），視覚過敏（蛍光灯が1秒間に50～60回ついたり消えたりすることがわかることで突き刺さるように痛い，目の前を突然何か（誰か）が通り過ぎることへの激しい不安感），身体感覚過敏（季節の変わり目には，回りの気温と一緒に体温が上下動して調子が悪い，台風が来て気圧が低下するとしんどくてしょうがない）などです。一方，感覚鈍麻は，脚のけがをしているのに平気な顔でいる，虫歯になっているのに痛がらないなど，熱や痛みに対する無関心さなどがあります。

　ショウ君に見られた偏食も，口の中（口腔）の触覚過敏や，同じ白いご飯でも炊き上がってから1時間たつと味が落ちるのがわかるほどの味覚過敏を一つの原因とする行動と考えられます。

④感覚過敏・鈍麻の当事者にとっての意味

　この感覚過敏・鈍麻は個人差が大きく，どの感覚にそういう特徴をもつかも様々です。ただ大切にすべきなのは，感覚過敏・鈍麻の当事者にとっての意味です。現在こういった特徴は，様々な問題行動の原因として注目されています。味覚過敏や口腔内の触覚過敏が偏食を引き起こす，聴覚過敏が集団活動で暴れる行動の原因となるなどです。そのような感覚過敏を引き起こす環境の原因を取り除くことで，自閉スペクトラム症の子どもが安心できる世界を保障するという支援を生み出します。

　一方，感覚過敏は，自閉スペクトラム症の当事者にとって，とても楽しいユニークな世界を作り出すことにもつながります。視覚過敏のある方の中には，万華鏡のきらきらした世界が大好きな人がいます。聴覚過敏の激しかったある子は，マザーグースの英語のCDだけはお気に入りで，それを聴かせると静かに寝入ることができました。○○過敏＝○○刺激はすべてダメ，と図式的にとらえることは，子どもを理解する手掛かりを手放すことになります。自閉スペクトラム症の子どもは，障害のない人とは違う，かつ狭い範囲（心理学的に

いえば高い閾値）で，その子独自の楽しめるユニークな感覚をかならずもっています。皆が見つけてくれないその楽しめる感覚を，一緒に見つけて共有すれば，それも子どもからすれば「自分をわかってくれた」感覚を相手にもつことは想像に難くありません。目の前の子独自の嫌いな感覚，好きな感覚を，おとながていねいにさぐっていく姿勢が求められるのです。

3　自閉スペクトラム症の子どもの理解と支援 ①　感覚過敏を例に

ここでは感覚過敏を例に，自閉スペクトラム症の子どもの理解と支援を考えてみます。感覚過敏にも様々なものがありますが，本章では1節でふれたショウ君の偏食を取り上げます。

（1）ショウ君の偏食

ショウ君の偏食は1節でふれたようにとても激しく，それでイライラすることが多くのトラブルを引き起こしていました。

多くの定型発達の子にとっては，昼食やおやつは，けっして嫌な時間ではなく，逆に楽しみな時間です。「給食まで頑張ろう」「今日のおやつ，何かな？」。それは生活の「楽しい山場」。ところが偏食の強いショウ君にとっては，真逆の「苦しい山場」になっていると思われました。朝，機嫌よく登園しても，調理室を見ると眉間にしわが寄ります。一番驚いたのは，ある日先生が「みんな，今日，急だけどね…」と言った瞬間，ショウ君が怒り出したことです。後で先生は，「ショウ君，私が『急だけど…』と言った，その『キュウ』の音が『キュウショク』につながったのでは」と言われました。意味的に何のつながりもないのに，音が似ているだけで給食が思い出され暴れてしまう。給食がそれほどまでにつらい体験ならどうにかしないと…ということで，職員会を何度か開きました。

（２）なぜ給食を食べなければいけないのか──「おいしい」文化を伝える

ある先生は「こんなにしんどいなら，給食も食べられるものだけでいいのでは？」。それに対し別の先生が「でもお母さんも困っていて，園に入ったら食べることができるもの増えませんか，と言ってた」。議論が膠着状態になったとき，栄養士が一言，「なぜ，給食って食べないといけないんですか？」。私たちは一般的に，生きるため，健康な生活をするためにはちゃんと食べなければと思っています。栄養士もそれは認めています。しかしどんな小さい子でも障害の重い子でも私たちと同じ人間です。だから，ただ食べるのではなく，「おいしさ」を感じて食べられるようになってほしいと語られたのです。教育は人間が作り出してきた文化を伝達する営みです。食事も人間が作り出した文化の一つです（調理法や味，見た目のきれいさ，栄養などを考慮した文化）。ショウ君にも，食材や料理の「おいしさ」を一つでも多く感じられるようになってほしい。この発言は，今までにない視点を与えてくれました。

それまでのショウ君の給食の目標は「食べられるものを増やそう」。それを，これを機に「おいしく食べられるものを増やそう」に変えました。この「おいしく」の一言が，実践には大きな影響を与えました。「おいしく」食べられたなら，食べた後に嬉しそうな表情や，体の緊張がほぐれるような反応があるはず。「おいしい」と感じられれば，自分でその食材を見たり手を出したり，要求が出てくるはず。食事場面で「ちゃんと食べなさい！」と怒り声が飛びかったり，皆がしかめっ面していれば，いくら食事がおいしくても「おいしい」とは感じられない。やはり「おいしく」感じるためには，食事場面が楽しい雰囲気でなくてはいけない…。そんな話が職員室で出て，実践も変わっていきました。

（３）まず「食べられない」感覚の独自性を認める──安心感の保障

具体的には，まず「食べられない」感覚の独自性を認めることから出発しました。給食は，ショウ君独自のメニュー（たとえば毎日，白いご飯）を用意することも考えましたが，スタッフの数や金銭面で難しい。そうであれば，まず

嫌なものは食べなくてもいいようにしよう。それまでやっていた，食べられなくても食材をスプーンに少しだけ載せ，1回は「食べてみよう」とすすめることもいっさいなしにしました。お茶だけしか飲まなければそれでいい。おやつは，市販のお菓子で食べられるものが4種類あったので，それを家から持参してもらい，毎日園長先生と交渉して2つ選んで食べる。それをとりあえず2か月続けました。2か月後，筆者が園に行ったら，ショウ君の表情が本当におだやかになっていました。トラブルもそのころになるとかなり減ったと聞きました。食事が安心できる（まず嫌ではない）ことがこれほどショウ君にとって大きな意味をもっていたことを，あらためて教えられました。

　一方，先生方はショウ君を好き放題にさせていたのではありません。「おいしく」食べられるようになるための，工夫もしていました。それは給食やおやつのとき，ショウ君の周りに座る子を先生が決めたことです。先生は，給食やおやつが大好きな子をあえて周りに配置しました。彼・彼女らはもともと食べることがとっても好き。だから「先生，今日のスープ，味がよーくしみてるねえ」など，にこにこしておばあちゃん口調の会話をしたりします。その場がほんわかした雰囲気になる。ショウ君は，自分が無理やり食べさせられないという安心感からか，そういうとき，笑顔の友だちをちらちら見ていたようです。そういうことが繰り返された数か月後。「ポテトおいしい！」と食べている男の子を横目で見ていたショウ君が，突然，反対側の席の先生の皿からポテトを取り，じっと見たかと思うとぱくっと食べ，その後，横を向いて「ウマシ（あるお笑い芸人が言う『うまい』という意味の言葉）」とつぶやいていました。その日を境にショウ君にとって，ポテトフライは食べることができるものとなっていったのです。

（4）自分の感覚を認められた安心感が，外の世界へ向かうエネルギーを高める
　自分から手を出して食べることを目指すため，一日に2つの食材を食べたかと思うと，新たに増えないまま何か月かすぎることもありました。しかしこうすることで卒園までに，三十数品，食べることができるものが増えたのでした。

2節でふれたように，感覚過敏・鈍麻は様々な「問題」行動の原因として注目されます。このことは，感覚過敏・鈍麻をどのようになくすか（あるいはやわらげるか）を支援に求めます。しかしそれは，子どもを外からながめる見方です。自閉スペクトラム症の当事者自身は，感覚過敏・鈍麻をもちながら，その時間・空間を生きています。当事者による内からの視点で見れば，彼・彼女らが感覚過敏・鈍麻による苦しみ・不安（その一つが偏食）を独自に抱えていることをまずとらえる必要があります。さらにそれに加え，その多くが，周りにいる他者に理解してもらえないことによる苦しみ・不安ももつという，二重のつらさを抱えていることが見えてきます。ショウ君への実践は，感覚過敏・鈍麻そのものによる不安だけでなく，それを理解されない苦しみも取りのぞいていくことで，安心感を保障したのでしょう。これがショウ君にエネルギーを与え，未知の世界（食べたことがない食材）に挑戦してみようという気持ちを育てたと思われます。

　その子のユニークな感覚過敏・鈍麻を見つけ出し共感的に理解することは，けっしてその子を甘やかすことではありません。自閉スペクトラム症の子どもは，次の4節でもふれますが，他者と一緒に笑ったり泣いたりする情動共有体験をもつことに困難を抱えています。そんな彼・彼女らにとって，感覚過敏・鈍麻による苦しみや不安を周りのおとなが共感することは，一緒に苦しさをわかってくれたという情動共有経験となります。その経験は，こんなことで苦しんでいる自分をそれでもいいと受け止める契機となっていきます。自閉スペクトラム症の子は思春期になると，自分が周りの人と違う感覚過敏・鈍麻をもつことを理解しだします。その際，幼児期での感覚過敏・鈍麻に対する情動共有経験が乏しいと，たとえば「こんな音を我慢できない僕がダメな人間なんだ」と，周囲の人と違う自分を否定し自責感情を強め，二次障害（たとえば，抑うつ）を引き起こすことがあります（齊藤，2015）。自分を見つめ受け止める自己受容を育て，思春期を乗り越えていく力の源泉が，そこにはあると考えられるのです。

4　自閉スペクトラム症の子どもの理解と支援　②　こころの理解

(1) 他者の誤信念が推測できない

　20年ほど前から，自閉スペクトラム症について，こころの理論欠損仮説（Baron-Cohen, 1995）が提唱されてきました。障害のない子は4歳後半より，現実とは違う他者の信念が推測できるようになります。それはたとえば，以下のような話を聞かせ，登場人物の信念を推測させる課題で調べられます。登場人物がチョコを棚に入れて外に出る―その間に，お母さんがそのチョコを使い冷蔵庫に片付ける―部屋に戻った登場人物がさきほどのチョコを食べようと思ったとき，どこを探すか。そのとき登場人物は，現実にはない棚にチョコがあると「誤って」信じているはず。ですので，「棚を探す」という誤信念（false belief）にもとづく行動を推測できれば正解…という課題です。障害のない子は4歳後半でこれが可能になり，ダウン症などの知的障害の子も，知的能力が4歳後半の水準になれば同様に正解できます。ところが自閉スペクトラム症の子だけ，知的能力が4歳後半であっても誤答することが示されたのです。

　その後研究が進められ，自閉スペクトラム症の子も，言語性の知的能力（言語性精神年齢）が9歳をこえると，上記の課題を通過できるようになることが明らかにされました（Happé, 1995）。自閉スペクトラム症の子は，障害のない子よりも，こころの理解の発達が遅れることが示唆されたのです。皆が4歳後半ころには推測できる他者のこころを，自閉スペクトラム症の子だけ推測できないことにより，周りの人とうまくかかわれなかったり，トラブルが引き起こされたりしやすいのです。

(2) 命題的心理化と直観的心理化

　一方，自閉スペクトラム症の子の心の理解は，遅れる（delay）だけでなく，障害のない子とは質的に異なる（deviant）ことも明らかにされてきました。障害のない子は，遅くとも2歳になると，何となく他者の気持ちを感じ取るよう

```
定型発達児・者
┌─────────┐     ┌─────────┐     ┌─────────┐
│誤った信念なし│ ──→ │直観的心理化│ ──→ │命題的心理化│
└─────────┘     └─────────┘     │直観的心理化│
                                └─────────┘

自閉スペクトラム症児・者
┌─────────┐                      ┌─────────┐
│誤った信念なし│ ──────────────→  │命題的心理化│
└─────────┘                      └─────────┘
                                  言語精神年齢9歳
```

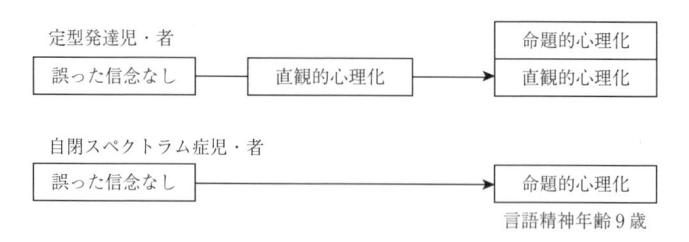

図7-1　自閉スペクトラム症児・者の他者理解における機能連関の特異性
（出所）　別府（2014）を一部変更

になります。0歳のときは，周りの子が泣くと，自分に泣く理由がなくてもつられて泣いてしまいます（情動の伝染）。これが1歳後半から2歳くらいになると，泣いている子を慰めるようになる。自他分化（self-other differentiation）を成立させつつ，自分とは違う相手の感情を感じ取ることができるからこその行動と考えられます（別府，2013）。

　この時期の子に，先にふれた誤信念について尋ねても正解はできません。言語で推論したり，なぜ相手がそう思うか理由を説明したりすることはできないからです。それはできないが，何となく相手が悲しんでいる，○○と思っていると感じることはできる。それをここでは直観的心理化（intuitive mentalizing）と呼んでおきます。それに対し，言語でこころを推論できる，「○だから相手は△と思う」と理由を命題にして説明できるこころの理解を，命題的心理化（propositional mentalizing）とします。障害のない子は生後2，3歳の時期から直観的心理化をまず獲得する。そしてそれを保持し洗練させながら，かつその土台の上に5，6歳になると命題的心理化をも使えるようになります。直観的心理化が命題的心理化にとって代わられるのではないことは，次の例を考えればわかります。「物を貸してもらったら『ありがとう』と言うと相手は嬉しい」という命題的心理化を学んでも，障害のない子は，その命題的心理化を今・ここで使うべきかどうかは場の雰囲気で判断します。2節の（1）で紹介した例のように，クレヨンを借りてもアイコンタクトをとって感謝を伝えているときは，それでよしとするでしょう。命題的心理化を使うかどうかを判断す

る際の場の雰囲気を読むのは，まさに直観的心理化によるものなのです。

　ところが，自閉スペクトラム症の子が障害のない子より遅れて他者のこころを理解する際に使えるようになるのは，命題的心理化です。それに対し直観的心理化は，それ以前もそれ以後もうまく使えない。そのため2節の（1）で紹介したアキラ君のように，命題的心理化（「物を貸してもらったら『ありがとう』と言うと相手は嬉しい」）を獲得すると，それを杓子定規に使おうとして，新たなトラブルを引き起こしてしまうのです（図7-1参照）（別府，2014）。

（3）直観的心理化のずれ

　もう一つ付け加えると，自閉スペクトラム症の子が，直観的心理化を「欠いている」ととらえるのは間違いです。自閉スペクトラム症の子も直観的心理化はもっています。ただそれが，障害のない子とずれ（gap）てしまいやすいのです。

　自閉スペクトラム症の当事者である綾屋（2013）は，自分のことを自分なりの言葉で語り説明する当事者研究を行うことにより，自らのユニークな理解（たとえば感覚過敏・鈍麻，ユニークな他者理解）を他者に共有される体験が生まれたこと，それが自己感を立ち上げ，とくに同じ障害をもつ他者への共感的理解（本論での直観的心理化）を可能にすると指摘しました。

　ある自閉スペクトラム症の小学生は，遠方の塾で同じ趣味（電車が好き）をもつ同じ障害のある子と出会いました。2人は毎回同じバスに乗って駅まで帰り，それを嬉しそうに親に話します。お母さんが「バスの中で何を話してるの？」と聞くと，「何も（話してない）」。様子を聞くと，その子はバスの運転席にあるメーターが好きなので，バスの最前列に座る。一方もう一人の子は，後ろの全面窓から過ぎ行く電気の鉄塔を見るのが好きなので最後列に座る。たしかにバスに一緒に乗るけれど，乗った瞬間別々の席に座るので，「何も」話さない。障害のない子同士なら，仲のよい子とは隣に座り話を一緒にするのが，「空気を読む」ことになるのでしょう。しかし彼らにとってはそうされるのは，自分の好きなことを邪魔される嫌なことでしかなかった。そういった彼らに

とって，話をせず好きな席に座ることが，その場の互いの「空気を読む」ことでした。彼らが互いのことを嬉しそうに親に話したのは，そういった直観的心理化でわかりあえる経験があったからなのでしょう。

　ここで「空気を読む」と書きました。直観的心理化はまさにこれにあたります。そしてこの言葉が示すように，私たちは直観的心理化を普段は意識していませんし，何となくやっていることです。自閉スペクトラム症の子は，同じ自閉スペクトラム症の子同士であればわかりあえる直観的心理化をもっていることがあります。しかしそれが障害のない子のそれとは大きくずれているため，障害のない人が有している直観的心理化を「もっていない」ように見えてしまうのです。

（4）こころの理解の障害の理解と支援――共有経験を「作り出す」こと

　自閉スペクトラム症の子の社会性の問題は，他者のこころを推論できないという能力の問題というより，彼・彼女らなりに他者のこころを知ろうとするやり方が障害のない人とずれるところにあるのです。このずれは，自閉スペクトラム症の子が周りの人と一緒に笑ったり悲しんだりする，情動を含めた共有経験をもちにくくさせます。本来，共有経験は，わかってもらえた嬉しさとそういう相手をさらにわかりたいという願いを育て，直観的心理化の土台を築きます（別府，2013）。自閉スペクトラム症の子は共有経験をもちにくいことにより，直観的心理化のずれを生み出すと考えられるのです。

　一方，ここまで述べてきた自閉スペクトラム症の特徴は，自然にかかわるだけでは共有経験が生まれにくいことを教えてくれます。障害のない人にはとくに問題のない味覚の変化が，彼・彼女らには耐えられない苦痛となるときがあります。仲がよいから話しかけることが普通と思っている障害のない子には，互いに干渉しないバスの乗り方は何かおかしいと思われてしまいます。

　自然にかかわるだけでは，そのずれを埋められません。だからこそ，周りにいるおとなが，障害を一つの手掛かりに目の前の子どもの好きな世界，嫌いな世界を，その子に応じてつかんでいくこと。そして彼らの世界にこちらが寄り

添うことで，一緒に楽しんだり悲しんだりする共有経験を「作り出す」ことがもっとも必要な支援となるのです（別府，2012，2013，2014）。

5 好きな世界を知り，共有し，一緒に遊ぶ

子どもの目線に立ち，とてもユニークで面白い保育者が，実践を本に書かれています（谷地元，2000）。そこに，他の子が遊んでいても外からじーっと見ているだけで，いつも一人でいる5歳の男の子（しゅうちゃん）のことが出てきます。保育者はいろいろ働きかけて遊ぼうとしますが，そうすればするほど気まずい雰囲気。あるとき，他の子が友だちの名前を呼んで「のぞみ！」。それを遠くで聞いていたしゅうちゃん，ぽつりと「トーキョ，ハカタ」。おや？と思った保育者が聞くと，彼はかなりの鉄道ファン。保育者は電車なら…と思って何とか列車の名前を出そうと思うが，なかなか出てこない。やっと出てきたのが，昔の歌謡曲にあった「あずさ2号って知ってる？」。その次に，こう書かれています。

「するとすかさず彼は，『あずさはね，新宿―松本』と言うではありませんか。『東京』じゃなくて『新宿』なんていうところが，デキル！ ともう感動してしまうわけです。知らず知らず，『へー，そうなんですか』と敬語になっちゃうほどでした。」（谷地元，2000，p. 144）

その後，保育者は「やこうれっしゃ」という絵本を見つけ出し，一緒に読みます。この列車は何だろうとなり，明日時刻表を持ってきて探そうと言います。すると翌日，お母さんから，彼が「昨日から楽しみにしていて，朝も早く早くとせかされまして！」と嬉しい報告。しゅうちゃんと楽しそうに電車の話をしていると，その周りに友達が集まり，彼が絵本でいっぱい発見をしたりするのを見て，すっかり友達から一目置かれる人気者になっていったそうです。

しゅうちゃんが自閉スペクトラム症かどうかはわかりません。ただ，電車という特定の領域に対する，5歳にしては年齢不相応なほどの強い興味と知識は，自閉スペクトラム症を連続体（spectrum）と考えた場合，その特徴の一部を表

しているとも考えられます。そしてこの実践の重要な点は，診断特徴でもあるこの（彼にとっては好きな）世界を，おとなが一緒に本気で楽しんでいることです。保育者はしゅうちゃんの知識に感動し，思わず敬語を使ってしまっています。

　共有経験には辛い経験，悲しい経験などいろいろあります。しかしどんな子でも，共有をまず最初に強く実感できるのは，楽しい共有体験であることは確かでしょう。とくに理解されない苦しみを多く経験しやすい自閉スペクトラム症の子の場合はなおさらです。共有体験を作り出す際に，まず追求すべきなのは，ワクワク・ドキドキしたり，嬉しかったり，そういった一緒にこころ躍らせる楽しい経験の共有であることは，障害のない子とまったく同じなのです。

　もう一つ大切なのは，自閉スペクトラム症の子が好きな世界をおとなが本気で一緒に楽しむことは，周りの子が自閉スペクトラム症の子の世界に入る契機となるということです。エリクソン（Erikson, E. H.）が「勤勉性　対　劣等感」と表現したように，幼児期や児童期の子にとって，身近なおとなの一挙一動は憧れの世界を作ります。おとなが本気で楽しむ世界は，周りの子にも強い興味を引き起こします。そうやって憧れをもってくれることで，自閉スペクトラム症の子と周りの子の間に，楽しさの共有体験が作り出せるのです。しゅうちゃんの「電車博士」とでも呼べるその知識は，周りの子の憧れになり，その中でしゅうちゃんも周りの子と一緒にかかわりたい気持ちを強めていくのでしょう。そして周りの子と一緒にやりたいからこそ，少し不安だけどやってみようという折りあいを，自閉スペクトラム症の子も自分からつけようとするの

（2）エリクソンは，ライフサイクルそれぞれの発達課題を示しました。そして児童期（6～12歳）を，物事を成し遂げる技術や技能，知識を習得したい意欲を高めそのように努力するようになる，つまり勤勉性の時期としました。これは，時には失敗することで，勤勉性の対である劣等感を抱くことも経験します。この両者を体験しながら，その中で，自分は頑張ればできるようになるという有能感（competence）を形成することを，この時期の発達課題として重視したのです。この勤勉性は一方で，物事を成し遂げる技術や技能，知識を有する大人（子どもにとっては保育者，教師）に対し，それまで以上の強い憧れを生み出すことを特徴とするのです。

です。好きな世界をおとなが見つけ，一緒に楽しむこと自体が，とても大切な支援なのです。

　トレヴァーセン（Traverthen, C.）ら（2005）は，自閉スペクトラム症の人がこころをもたないというのは間違いであること，そして彼・彼女らが世界や人々に興味をもつ道筋に合った働きかけを行うことの意味を強調しました。ホブソン（Hobson, P.）（2000）も同様の立場で，理論を展開しています。情動を含めた共有経験の保障，そしてその中でも彼・彼女らのユニークな感覚や理解の仕方を知ることで，目の前の自閉スペクトラム症の子の好きな感覚・好きな世界を探り一緒に楽しむことが，とくに幼児期の支援においては重要になるのです。感覚過敏・鈍麻や直観的心理化のずれという自閉スペクトラム症の子の世界は，彼・彼女らの好きな世界を見つけそれを作り出すには，きわめて高い専門性を必要とすることを教えてくれます。自閉スペクトラム症の子と一緒に楽しむ遊びにもっとスポットをあてた支援のあり方が，今後一層求められると考えられるのです。

〈文献〉

American Psychiatric Association (APA) 2013 *Diagnostic and Statistical Manual of Mental Disorders, Fifth Edition : DSM-5.* American Psychiatric Publishing.（日本精神神経学会（日本語版用語監修）髙橋三郎・大野裕（監訳）2014　DSM-5 精神疾患の診断・統計マニュアル　医学書院）

綾屋紗月　2013　当事者グループのわかちあい――カテゴリーを超えて，時間を超えて　こころの科学，**171**, 56-62.

Baron-Cohen, S. 1995 *Mindblindness : An essay on autism and theory of mind.* MIT Press.

別府哲　2012　自閉症児者の「問題行動」と内面理解　奥住英之・白石正久（編著）　自閉症の理解と発達保障　全国障害者問題研究会出版部　pp. 70-94.

別府哲　2013　自閉症スペクトラム児における社会性の障害と発達　乳幼児医

学・心理学研究, **22**, 79-90.

別府哲 2014 自閉症スペクトラムの機能連関,発達連関による理解と支援 障害者問題研究, **42**, 91-99.

Happé, F. P. E. 1995 The role of age and verbal ability in the theory of mind task performance of subjects with autism. *Child Development*, **66**, 843-855.

ホブソン, P. 木下孝司（監訳）2000 自閉症と心の発達 学苑社

小道モコ 2009 あたし研究――自閉症スペクトラム クリエイツかもがわ

村上靖彦 2008 自閉症の現象学 勁草書房

ニキ・リンコ, 藤家寛子 2004 自閉っ子,こういう風にできてます！ 花風社

齊藤万比古 2015 子どもの精神科臨床 星和書店

トレヴァーセン, C.・エイケン, K.・パプーディ, D.・ロバーツ, J. 中野茂・伊藤良子・近藤清美（監訳）2005 自閉症の子どもたち――間主観性の発達心理学からのアプローチ ミネルヴァ書房

谷地元雄一 2000 これが絵本の底ぢから！ 福音館書店

7章　子どもの自閉スペクトラム症／自閉症スペクトラム障害

トピックス　幼稚園の昨今の保護者：子育てに協力的なお父さん

　現場で日々保育に携わっていると、「今の親が変わってきた」と感じる場面にたくさん出会います。とくに、子育ての知識や情報は豊富だが、実際に目の前にいる我が子にどう活かしていいのかわからないというお母さんが増えているように感じています。たとえば、子どもの自主性を尊重しようとするあまり言いなりになってしまったり、親の考えを押し付けたくなくて子どもの理解を超える理屈で説得しようとしたり……。そして、自分の子育てが順調に進んでいないのではないかと感じたときに身近に相談する相手がいないと、子育てに自信をなくしたり、我が子に当たってしまったりするケースも少なくありません。私が新人保育者だったころは、今のように手軽に情報が手に入らなかったこともあり、各家庭の子育てスタイルは様々でしたが、今ほど自分の子育てで悩んでいるお母さんはいなかったように記憶しています。そして、子育てはもっぱら「お母さん」。「お父さん」の存在が見えにくかったことも事実です。

　しかし最近、園長として登園時に門で迎えているとお父さんの姿が多くなっていると感じます。休日に行っている保育参加にもお父さんの姿が多く、平日の保育参観にも休暇をとって来てくださる方も増えてきています。以前は、幼稚園に来ても、我が子とどう遊んでよいかわからず棒立ちになってしまうお父さんの姿も珍しくありませんでしたが、今では、我が子だけでなく周りの子も巻き込んで一緒に遊んでくださるお父さんも増えてきています。私の勤務する幼稚園では、定期的に保育カウンセラーが来園して保護者からの相談を受ける時間を設けていますが、ご夫婦で相談に来るケースもあり、子育てに「お父さん」の姿が見えるようになってきていることを感じます。

　まだまだ子育ての負担はお母さんの方が大きいことは言うまでもありませんが、子育てに協力的なお父さんの存在があれば、お母さんが子育てで悩んだり自信をなくしたり行き詰まったりしたときに、それを共有し負担を軽くしてくれるのではないでしょうか。幼稚園は、「父親は仕事、母親は子育て」という分業が可能な環境ではありますが、お父さんの参加で、お母さん自身の子育てが楽しくできるようになると実感している今日このごろです。

（井上宏子）

8章
家族のかかえる問題

浅野恵美

本章では，子育て家庭を取り巻く環境の変化により，家族が直面している課題として，子どもの貧困と子ども虐待について取り上げます。これらの問題の構造を理解することで問題の本質をとらえ，家族の悩みや葛藤に共感し，子どもと家族の支援につなげてもらいたいと考えています。

1　子育て家庭をめぐる環境の変化

　近年，子どもの育ちや子育てをめぐる状況は大きく変化しています。核家族化や地域のつながりの希薄化のために，家族が孤立し，不安を抱えながら子育てをする親が増えています。また，親の世代のきょうだいの減少等により，自身の子どもができるまで，赤ちゃんと触れあう経験をもったことがない親が増えています。

　三菱UFJリサーチ＆コンサルティング（2014）の子育て支援策等に関する調査では，2002年と2014年の保護者の意識の変化を読み取ることができます。それによると，子どもが生まれる前に「子どもを持つのが不安だった」と回答した割合は，2014年の調査では父親46.6％，母親50.1％となっており，育児に対し不安感をもつ人が増加しています（図8-1）。

　また，子育ての相談相手は「近所の知人」と回答した割合は，2002年では47.1％で3番目の高さでしたが，2014年には20.0％と8番目に低下しており，近隣との付きあいが減少しています（図8-2）。

　この調査からも，子育てに不安を感じることがあっても，家族以外の身近な人に助言を受けたり協力を得たりすることが困難な状況があり，子育てに関する不安やイライラは増加していることが想像されます。

　また，経済状況の厳しい状態が続いているため，共働き家庭が増加するとともに，若年の非正規雇用の割合も高くなっています。さらに，平成24年人口動態統計によると離婚件数は約235,000件で，ひとり親家庭が増加しています。共働き家庭やひとり親家庭が増加することで，保育所や幼稚園の預かり保育等を利用する家庭も増えており，都市部では保育所待機児童数の増加が大きな課

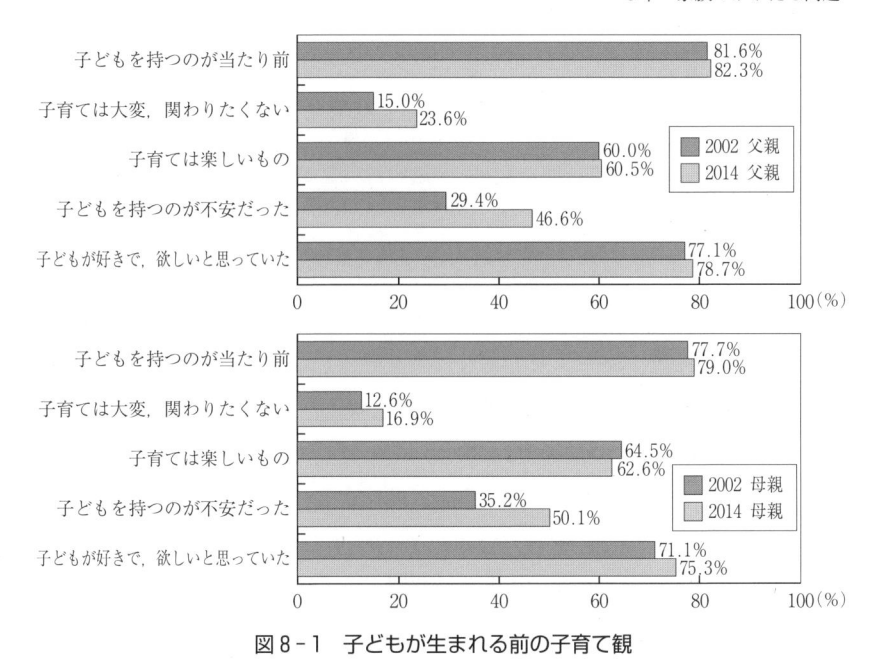

8章　家族のかかえる問題

父親

項目	2002 父親	2014 父親
子どもを持つのが当たり前	81.6%	82.3%
子育ては大変，関わりたくない	15.0%	23.6%
子育ては楽しいもの	60.0%	60.5%
子どもを持つのが不安だった	29.4%	46.6%
子どもが好きで，欲しいと思っていた	77.1%	78.7%

母親

項目	2002 母親	2014 母親
子どもを持つのが当たり前	77.7%	79.0%
子育ては大変，関わりたくない	12.6%	16.9%
子育ては楽しいもの	64.5%	62.6%
子どもを持つのが不安だった	35.2%	50.1%
子どもが好きで，欲しいと思っていた	71.1%	75.3%

図8-1　子どもが生まれる前の子育て観

（出所）　三菱UFJリサーチ＆コンサルティング（2014）

相談相手	2002 母親	2014 母親
配偶者・パートナー	88.9%	74.1%
自分の母	73.8%	70.5%
保育士や幼稚園の先生	39.5%	31.3%
自分や配偶者のきょうだい	36.9%	30.3%
配偶者・パートナーの母	36.7%	29.9%
自分の父	30.2%	27.7%
自分や配偶者の友人	43.9%	27.3%
近所の知人	47.1%	20.0%
相談をしたりする人はいない	0.1%	2.2%

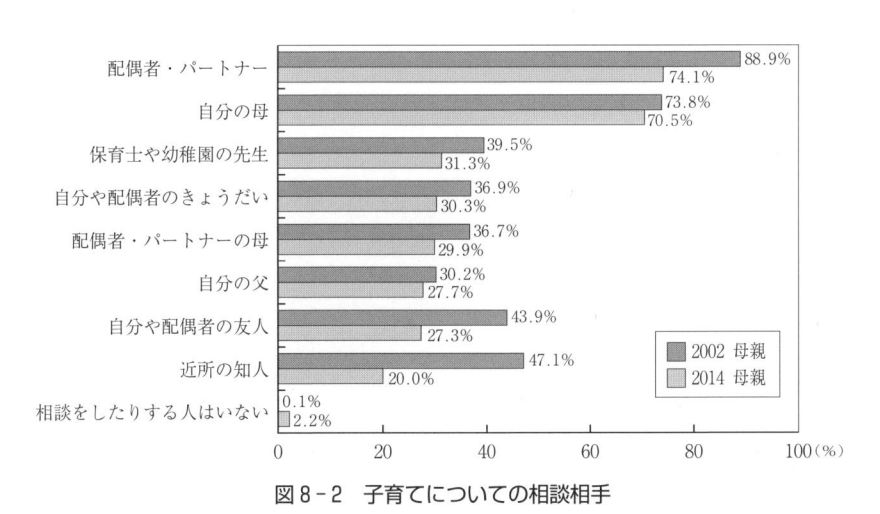

図8-2　子育てについての相談相手

（出所）　三菱UFJリサーチ＆コンサルティング（2014）

題になっています。

2　子どもの貧困

（1）子どもの貧困の現状

　近年，子どもたちの間に貧困が広がってきています。厚生労働省（2014a）が発表している2012年の日本の子どもの相対的貧困率は16.3％で，子どもの6人に1人は貧困状態にあり，その割合は年々増加しています（図8-3）。

　相対的貧困率とは，OECDの基準を用い，収入から税金などを差し引いた所得を世帯人数で調整した値が社会全体の中央値の50％に満たない人の割合をいいます。厚生労働省国民生活基礎調査で計算すると，2012年の場合，単身世帯では122万円，3人世帯では211万円以下の所得（貧困ライン）で暮らす人のことを指します。子どもの貧困率とは，貧困ライン以下で暮らす17歳以下の子どもの割合です。

　日本の子どもの貧困率は，OECDに加入する先進20か国の中でもアメリカ，スペイン，イタリアに次いで4番目に位置し，世界的に見ると子どもの貧困率が高い国になります。

　また，子どもがいる現役世帯（世帯主が18歳以上65歳未満の世帯）では，おとなが二人以上いる世帯の場合の貧困率は12.4％であるのに対して，おとなが一人の世帯の貧困率は54.6％になっています。このことから，とくにひとり親世帯などおとな一人で子どもを養育している家庭の生活状況が苦しいことがわかります。

　2011年度全国母子世帯等調査（厚生労働省，2012）によると，母子世帯は123.8万世帯，父子世帯は22.3万世帯（母子又は父子以外の同居者がいる世帯を含めた全体の母子，父子世帯の推計値）です。母子家庭の約80.6％，父子家庭の91.3％が就労しており，海外のひとり親家庭の就労率と比べて高い傾向にあります。また，就労形態は，母子家庭のうち，「正規の職員・従業員」は39.4％，「パート・アルバイト等」は47.4％，父子家庭のうち，「正規の職員・従業員」

8章　家族のかかえる問題

図8-3　子どもの貧困率

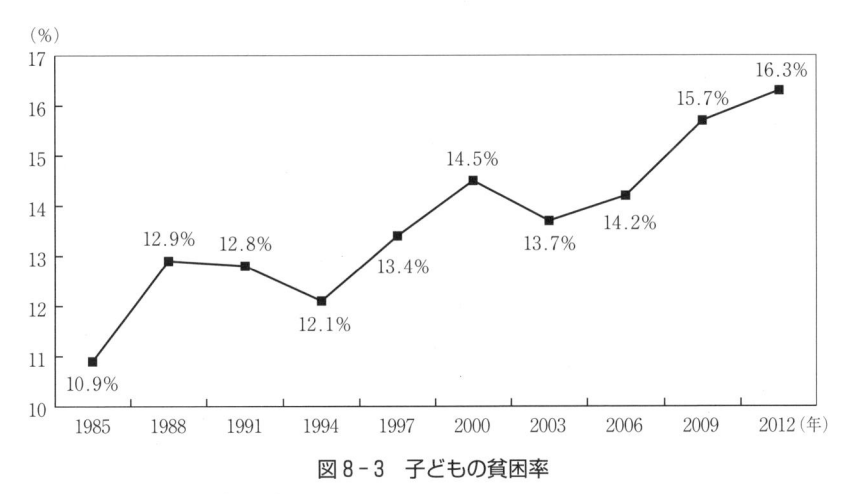

(出所)　厚生労働省（2014a）

は67.2％，「パート・アルバイト等」は8.0％となっており，母子家庭の非正規の割合が高くなっています。さらに，母子家庭の母自身の平均年収は223万円（うち就労収入は181万円）で，父自身の平均年収は380万円（うち就労収入は360万円）となっており，非正規雇用者として労働単価が低い形態で働いている母子家庭の母親が多いのです。

(2) 子どもの貧困とは――相対的貧困

貧困というと，「物が買えない」，「ご飯が食べられない」など人間が生活する上で最低限の生活水準を保てないことをイメージされるかもしれませんが，相対的貧困とは，ある国や地域での平均的な生活水準よりも著しく低く，あたりまえと思われている生活を送るのが困難となることです。毎日お風呂に入れなかったり，家族や友人と外出することができなかったり，修学旅行に参加できなかったり，進学希望があるのに高校や大学への進学を諦めてしまったりする子どもたちに出会うことは，教育や福祉の現場では少なくないと感じます。

現在の日本では，家庭の役割や責任を個々の保護者に押し付け過ぎる傾向にあります。たとえば，母子家庭の収入が低いのであれば，母親がもっと働けば

よいと考える方もいるでしょう。しかし，先ほどひとり親家庭の就労率を示したとおり，母親は働いているにもかかわらず，就労経験が少なかったり，子どもの体調等に合わせて仕事を休まざるを得なかったりするため，労働単価の低い職業に就くことになり，十分な収入を得ることができません。さらに，収入を増やすため複数の職場で働くことで保護者自身が体調を崩したり，長時間労働により子どもと過ごす時間が短くなり，子どもが犠牲を払わなければならない状態に陥ってしまったりすることもあります。そのような困窮している状態にもかかわらず，保護者は子どもには苦しい生活をさせないよう配慮していることも多く，子どもの貧困は見えにくく，実態を把握しにくいといわれています。

　このようにわかりにくい貧困問題は，子どもにどのような影響を及ぼすのでしょうか。子どもの貧困白書（子どもの貧困白書編集委員会，2009）では，「人間形成の重要な時期である子ども時代を貧困のうちに過ごすことは，成長・発達に大きな影響をおよぼし，進学や就職における選択肢を狭め，自ら望む人生を選び取ることができなくなる『ライフチャンスの制約』をもたらすおそれがあります。子どもの『いま』と同時に将来をも脅かすもの，それが『子どもの貧困』です。」と定義されており，図8-4はそのイメージを表しています。

　子どもの貧困の問題は，たんにお金や物がない経済的な困窮により衣食住が不十分というだけではなく，様々な問題と関連しています。余暇活動や学習環境など様々な場面で，貧困を理由に諦めざるを得ない環境の中で成長した子は，自らの能力や将来に対し夢や希望を持ちにくくなり，進学や就職も諦めてしまう可能性があります。そのため，子ども時代の貧困がおとなになってからの生活にも影響を与え，次の世代にも貧困が継続する可能性も懸念されています。

（3）子どもの貧困対策

　子どもの貧困対策は全国的にも関心が高まっており，2013（平成25）年6月には，「子どもの貧困対策の推進に関する法律」が成立しました。その目的は，「子どもの将来がその生まれ育った環境によって左右されることのないよう，

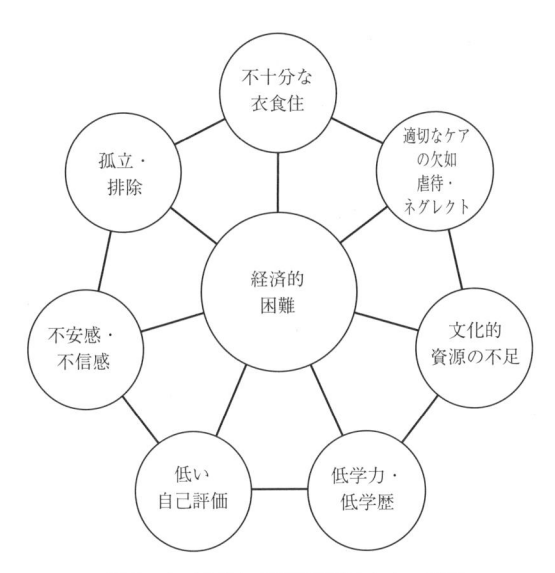

図8-4 子どもの貧困関係イメージ図
(出所) 子どもの貧困白書編集委員会 (2009)

貧困の状況にある子どもが健やかに育成される環境を整備するとともに，教育の機会均等を図るため，…（中略）…子どもの貧困対策を総合的に推進すること」とされています。この法律に基づき，国と都道府県は子どもの貧困対策に関する大綱や計画を策定するとともに，国は子どもの貧困状況や実施状況を毎年公表しなければならないとされました。

　子どもの貧困対策を進めるにあたって，国が定めた大綱には子どもの貧困に関する指標が設定されており，その改善に向けた重点施策として，子どもへの教育支援，生活支援，保護者への就労支援，経済的支援等を定めています。

　教育の支援においては，学校を子どもの貧困の連鎖を断ち切るためのプラットフォームと位置付け，総合的な貧困対策を展開する場としています。学校では，学力を保障するためのきめ細やかな指導を行うだけではなく，学校を窓口として貧困等で困窮している家庭を早期に生活相談や福祉制度につなげられるよう，スクールソーシャルワーカーの設置を推進することとされています。また，子どもたちの感情や情緒面の支援，問題行動の未然防止，早期の対応を図

るためにスクールカウンセラーの配置も推進されています。

◆事例：学校を拠点とした支援

　ある学校から児童相談所に，父親が子どもを叩いたという連絡がありました。詳しく聞くと，家族は外国籍で日本語の理解が十分でない上に，最近父親が失業し，幼いきょうだいもいることがわかりました。父親の不適切な養育の背景にある課題を整理できたことで，校長はすぐに経済的な支援を行うため，保護者からていねいに話を聞き，就学援助の紹介と市役所の相談窓口に案内しました。また，担任は子どもからもじっくりと話を聞き，悩みは一人で抱え込まずに一緒に考える方がよいことを伝えました。さらに，日頃の学校での様子を細かく観察し，表情が暗いなどいつもと違う様子があるときは，すぐに声をかけるように心掛けました。学校の迅速な対応もあり，家族内の緊張状態は緩和し，子どもも元気に学校に通えるようになりました。

　実際に困窮し日々の暮らしに精一杯な状況である家庭では，制度に該当していても援助を利用していない可能性があります。制度利用につなげ，経済的な負担を少しでも軽減することが必要です。しかし，家族が求めている支援はそれだけではありません。子どもの貧困問題は様々な問題と連鎖しており，それらの問題に着目して家族を支えることが重要です。家族にとって悩みを打ち明けられる存在がいることが，問題の解決の第一歩になります。また，家庭の問題を抱えた子どもを学校や園ではしっかりと受け止め，安心できる環境を提供することが求められています。

　お金がないという問題がその他の生活や子どもの発達に影響を与えていないか，また逆に子どもの課題の背景に貧困の問題がないかという視点をもつことが，見えにくい貧困の問題を把握するために必要なことです。

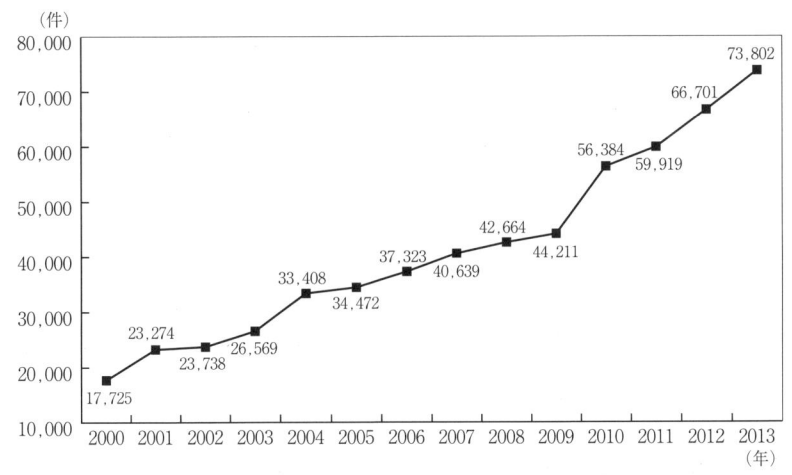

図8-5　児童相談所における虐待対応件数

（出所）厚生労働省（2014b）

3　子ども虐待

(1) 子ども虐待とは

　2013（平成25）年度に児童相談所が虐待相談として対応した件数は73,802件（厚生労働省，2014b）で，児童虐待防止法が制定された2000（平成12）年度と比較すると，約4倍にもなっています（図8-5）。

　虐待の内訳は，心理的虐待が約38％，次いで身体的虐待が約33％，ネグレクトが約27％，性的虐待が約2％の順になっています。2013（平成25）年度の統計で，はじめて心理的虐待は身体的虐待を抜き，もっとも多くなりました。その要因として，2004（平成16）年に児童虐待防止法の改正により，夫婦間の暴力の目撃が心理的な虐待にあたると定義されてから，警察からの通告が徐々に増加してきたことが挙げられます。また，社会における子ども虐待の認識の高まりから，子どもの泣き声などを理由とする近隣からの通告が増加したことも挙げられます。

　虐待を受けた子どもの年齢は，乳幼児が約43％，次に小学生が約35％となっ

ています。主な虐待者は，実母が約54％，次に実父が約32％となっています。

　子ども虐待は，子どもに対するもっとも重大な権利の侵害です。虐待は，子どもの体に傷を残すだけではなく，こころにも深刻な影響を及ぼします。また，子どもの心身の成長や人格形成に深刻な影響を与えるだけでなく，次世代にも引き継がれるおそれがあるのです。その影響は，虐待を受けていた期間，虐待の種類，子どもの年齢や性格によって様々ですが，いくつかの共通した特徴があります。

　まず，身体的な影響として，打撲，火傷，骨折，頭蓋内出血，栄養や刺激の不足による発育不良や発達の遅れなどが見られます。また，場合によっては，生命の危険や外傷による障害を負う可能性もあります。

　次に，心理的な影響として，対人関係の障害，低い自己評価，行動コントロールの問題，多動，心的外傷後ストレス障害，偽成熟性（おとなの顔色をうかがい，おとなとしての役割分担を果たしたり，おとなの欲求に従い先取りした行動をとったりすること），精神的症状を見せることがあります。

（2）子ども虐待対応の基本
①通告が支援のスタート

　2000年に制定された児童虐待防止法では，学校，保育所等の児童福祉施設，病院等，児童の福祉に業務上関係のある者は，子ども虐待の早期発見に努めなければならないとされました。また，児童虐待を受けていると思われる児童を発見した者は，速やかに通告しなければならず，それは守秘義務に違反しないことが併せて規定されました。虐待は家庭内で発生することが多く，家族や虐待を受けている子ども自身が打ち明けることが少ないため，発見することが非常に難しいという特徴があります。そのため，虐待の事実を確信できないことにより通告をためらうことがないよう，2004年の改正により虐待を受けていると思われる児童も通告の対象となりました。つまり，虐待の疑いがあれば通告の対象となり，間違いであった場合でも，故意でなければ罰せられることはないため，より通告しやすくなりました。

通告をすると「保護者との関係が悪くなってしまうのではないか」,「虐待の確信がもてない」等の理由から通告をためらう場合があります。しかし,通告することは,つらい思いをしている「子ども」を救うことと同時に,支援を必要としている「家族」にアプローチするための第一歩です。

日常的に,また継続的に子どもたちに接している方々の「ちょっとおかしいかな」「何かあったのかな」という感覚を大切にしてほしいと思います。また,新任の方やときどき子どもたちの様子を見る方だからこそ,気が付けることもあります。ためらっているうちに子どもの傷は消え,介入の機会を逸してしまい,再度傷つけられてしまう可能性があります。虐待はエスカレートしやすい構造であるため,早期に介入することが重要なのです。

通告にあたって,あなたが組織に属しているのであれば,学校や園の同僚や上司などに相談して情報の共有化を図り,対応方法を検討してください。もっとも優先すべきことは子どもの安全確認と安全確保です。学校や園の方針とあなたの意見が異なるのであれば,個人として通告することができます。

チェックリスト等を利用し,家族を捉える視点やポイントを整理することも大切です。図8-6に,神奈川県が作成した早期発見のためのチェックリスト(神奈川県児童相談所, 2009)を掲載します。

②虐待に対応する行政の仕組み

子ども虐待の社会的認知の広がりと,児童相談所の虐待対応件数の急増を背景に2004年には児童福祉法が改正され,市町村が第一義的な窓口となり,子どもに関する相談に対応できるようになりました。住民にとって身近な市町村が虐待の通告窓口となり,児童相談所と同様に必要な調査や指導を行えるようになったのです。そのため,住民だけでなく,学校や保育所等の関係機関も,相談や通告を行いやすくなりました。また,この改正に併せて,児童相談所は一時保護や施設入所が必要な場合など高い専門性を必要とする相談に対応するとともに,市町村に対する後方支援を行うことが定められました。

さらに,虐待を受けた子どもなどに対する市町村の体制を強化するため,関

早期発見のためのチェックリスト

子ども、親、家庭の様子について、それぞれ「緊急的な支援を要するもの」「虐待を疑わせるもの」「虐待の視点を持つ必要のあるもの」とし、チェック項目を示しています。「緊急的な支援を要するもの」については、特に注意を要する項目として児童相談所への通告を考慮して下さい。ここに示してある項目は、虐待以外の理由によっても起こりうるものも含まれていますが、虐待の原因、兆候であったり、虐待の影響として起こる可能性の高い事項なので、注意深く見守ってください。なお、本チェックリストは地域、学校、保健、医療などに共通する項目を示しています。

	項目	状況	内容（具体例）
子どもの様子	緊急的な支援を要するもの	□保護を求めている	差し迫った事情が認められ、子ども自身が保護、救済を求めている
		□不自然なケガ	複数新旧の傷やアザ、骨折、打撲傷、入院歴、乳幼児揺さぶられ症候群（※シェイクンベイビーシンドローム）
		□低栄養を疑わせる症状	低身長、低体重（※－2SD以下）、栄養失調、衰弱、脱水症状、医療放棄、治療拒否
		□性的被害	性交、性行為の強要、妊娠、性感染症罹患
		□自殺未遂	自殺を企てる、ほのめかす
		□不自然な長期の欠席	長期間まったく確認できない状況にある
	虐待を疑わせるもの	□ケガを隠す行動	話をしない、一貫しない説明、脱衣の拒否、夏に長袖
		□異常な食欲	給食などむさぼるように食べ、際限なくおかわりする、異食
		□強い不安	衣類を着替える際など異常な不安を見せる
		□突然の行動の変化	ボーッとしている、話をしなくなる、うつうつとする
		□治癒しないケガ、虫歯	治療をしていないため治癒しない、治癒が不自然に遅い
		□繰り返される症状	膀胱炎症状の反復、尿路感染や膣炎（性的虐待を疑う）
		□繰り返される事故	不自然な事故が繰り返し起きている
		□性的興味が強い	年齢不相応な性知識、自慰行為、他児の性器を触る、自分の性器を見せる
		□過去の介入歴	複数の通告、相談歴、一時保護歴、施設入所歴、入院歴
		□保護者への拒否感	おそれ、おびえ、不安を示す、大人に対しての執拗な警戒心
		□抑制的な行動が強い	無表情、凍り付くような凝視
		□恒常的な不衛生	不潔な衣服、異臭、シラミなどによる湿疹
	虐待の視点を持つ必要のあるもの	□攻撃性が強い	いじめ、動物虐待、他児への暴力
		□孤立	友達と一緒に遊べなかったり、孤立する
		□体調の不調を訴える	※不定愁訴、反復する腹痛、便通などの異常
		□睡眠の障害	夜驚、悪夢、不眠、夜尿（学童期以降に発現する夜尿は要注意）
		□不安	暗がりやトイレを怖がるようになる
		□過度の甘え行動が強い	年齢不相応な幼稚さ、担任などを独占したがるなど、過度のスキンシップ
		□丁寧すぎる態度	年齢不相応の言葉遣い、態度
		□性的関心が高い	豊富な性知識、性体験の告白、セクシーな雰囲気
		□性的逸脱	不特定な異性を相手にした性交渉、性的暴力、性的いじめ
		□精神的に不安定である	精神的、情緒的に不安定な言動がある
		□反社会的な行動（非行）	深夜徘徊、喫煙、窃盗、シンナー吸引、不純異性交遊
		□嘘が多い	繰り返し嘘をつく、空想的言動が増える
		□保護者の態度を窺う様子	親の顔色を窺う、意図を察知して行動、親と離れると笑顔を見せる

※ 「乳幼児揺さぶられ症候群」（シェイクンベイビーシンドローム）　脳の成長が未成熟な乳幼児を激しく揺さぶり、衝撃を与え、頭蓋内出血や脳の断裂を起こすこと
※ 「－2SD以下」　標準成長曲線に示される値（SD＝標準偏差）－2SDは出現率2.3％の低い値
※ 「不定愁訴」　体のあらゆる部分のだるさ、気持ち悪さなど、違和感の持続的訴え。家庭の不和、悩みなどの心理的要因が背景にある場合がある

図8-6　早期発見のためのチェックリスト

（出所）　神奈川県児童相談所（2009）

8章　家族のかかえる問題

親（保護者）の様子	緊急的な支援を要するもの	□子どもの保護を求めている	差し迫った事情が認められ、子どもの緊急の保護を求めている
		□生命に危険な行為	頭部打撃、顔面打撃、首締め、シェイキング、道具を使った体罰、逆さづり、戸外放置、溺れさせる
		□性的虐待	性器挿入に至らない性的虐待も含む
		□養育拒否の言動	「殺してしまいそう」「叩くのを止められない」など差し迫った訴え
		□医療ネグレクト	診察、治療が必要だが受診しない、個人的な考えや信条などによる治療拒否
		□放置	乳幼児を家に置き外出、車内に置き去りにする
		□養育能力の著しい不足	著しく不適切な生活状況となっている
		□子どもを監禁	継続的な拘束、監禁、登校禁止
		□虐待の認識、自覚なし	しつけとして行っていると主張し、罪障感がない
		□子どものケガの不自然な説明	一貫しない説明、症状との明らかな食い違い、詐病（※代理によるミュンヒハウゼン症候群）
	虐待を疑わせるもの	□偏った養育方針（しつけ）	体罰の正当化、非常識な養育観
		□子どもへの過度の要求	理想の押しつけ、年齢不相応な要求
		□育児への拒否的な言動	「かわいくない」「憎い」差別的言動
		□DVがある	激しい夫婦間暴力の繰り返しが認められる
		□子どもへの愚弄（ぐろう）	繰り返し自分の子どもを愚弄する
		□きょうだいとの差別	きょうだいに対しての差別的言動、特定の子どもへの拒否
		□必要な支援の拒否	保護者自身の治療拒否、必要な社会資源の活用の拒否
	虐待の視点を持つ必要のあるもの	□精神状態	うつ的、不安定、妊娠・出産のストレス、育児ノイローゼ
		□性格的問題	一方的な被害感、偏った思いこみ、衝動的、未熟である
		□攻撃性が強い	一方的な学校などへの非難、脅迫行為、他児の親との対立
		□交流の拒否	行事などの不参加、連絡をとることが困難
		□アルコール、薬物等の問題	現在常用している、過去に経験がある、依存
家庭の様子	緊急的な支援を要するもの	□ライフラインの停止等	食事が取れない、電気、水道、ガスが止まっている
		□異常な音や声	助けを求める悲鳴、叫び
		□家族が現認できない	家庭の状況が全くわからない
	虐待を疑わせるもの	□継続的な夫婦間の問題	日常的な夫婦間の口論、言い争い
		□不衛生	家中ゴミだらけ、異臭、シラミがわく、放置された多数の動物
		□経済的な困窮	頻繁な借金の取り立て
		□確認できない長期の不在	原因不明の長期の留守、夜逃げ
	虐待の視点を持つ必要のあるもの	□近隣の孤立・非難	近隣との付き合いを拒否、非難される
		□家族間の暴力、不和	家族、同居者間に暴力、不和がある
		□頻繁な転居	理由のわからない頻繁な転居
		□関係機関に拒否的	特に理由もなく関わりを拒む
		□子どもを守る人の不在	日常的に子どもを守る人がいない
		□生活リズムの乱れ	昼夜の逆転など生活リズムが乱れている
その他	虐待のリスクを高める要因	□乳幼児	就学前の幼い子ども
		□子どもの育てにくさ	子どもの生来の気質などの育てにくさ
		□子どもの問題行動	諸々の問題行動（盗み、虚言、自傷など）
		□生育上の問題	発達や発育の遅れ、未熟児、障害、慢性疾患
		□複雑な家族構成	親族外の同居人の存在、不安定な婚姻状況
		□きょうだいが著しく多い	養育の見通しもないままの無計画な出産による多子
		□保護者の生育歴	被虐待歴、愛されなかった思い、何らかの心的外傷を抱えている
		□養育技術の不足	知識不足、家事・育児能力の不足
		□養育に協力する人の不在	親族や友人などの養育支援者が近くにいない
		□望まない妊娠、出産	予期しない、不本意な妊娠・出産、祝福されない妊娠・出産
		□若年の妊娠、出産	10代の妊娠、親としての心構えが整う前の出産

※「代理によるミュンヒハウゼン症候群」　子どもに不必要な、あるいは有害な薬などを飲ませて、子どもに不自然な症状を頻回に出現させる

係機関が連携を図り子ども虐待等への対応を行う「要保護児童対策地域協議会（子どもを守る地域ネットワーク）」が法定化されました。構成員メンバーは，市町村の関係各課の他に，児童相談所，教育委員会，警察，保育所，幼稚園，学校，民生委員や病院等です。2013（平成25）年4月1日現在で98.9％の市町村に設置されています（厚生労働省，2015a）。要保護児童対策地域協議会では，通告を受けた児童への支援の進行管理や各機関の取り組み状況等が話しあわれます。定期的に実施されるため，関係機関の情報交換や支援状況の把握を行い，方針の見直しなどを実施しています。また，必要に応じて個別の会議を実施しており，より具体的な支援方針や関係する機関の役割を検討することも行います。要保護児童対策地域協議会を開催することによって，関係機関相互の信頼感が高まり，情報提供・収集・共有が行いやすくなったり，各機関の役割分担が明確になったり，また，児童虐待に関する理解・認識・関心が高くなるという効果が挙げられています。

（3）社会的養護とは
①社会的養護をめぐる現状

社会的養護とは，保護者のない子どもや，虐待などで保護者に監護させることが適当でない子どもを，家族に代わって公的責任で社会が養育する仕組みのことです。社会的養護の担い手として児童養護施設や里親等があります。社会的養護を必要とする子どものうち，児童養護施設入所中の児童の約6割は虐待を受けた経験があり，約3割が何らかの障害を有していることがわかっており，その割合は増加しています（厚生労働省，2015b）。虐待を受けた子どもは，身体的な暴力による傷だけでなく，情緒や行動，自己認知・対人認知，人格形成等，広範囲に深刻なダメージを受けています。子どもが受けた傷を回復させる場になるように，安心できる環境で大切にされる体験を積み重ね，子どもが自己肯定感を取り戻すことが大切な役割になっています。そのため，社会的養護は，できる限り家庭的な養育環境で，特定のおとなとの継続的で安定した愛着関係の下で行われる必要があります。

しかし，社会的養護の対象児童のうち，約9割は児童養護施設などの施設に入所しており，里親への委託等，より家庭的な環境で生活している子どもは約1割にとどまっています（厚生労働省，2015b）。児童養護施設には定員が100人を超えるような大規模な施設もあり，集団での生活のため，一人ひとりに応じたきめ細やかなケアを行いたくても環境的に難しい場合もあります。こうしたことから，国や自治体では，今後，施設がより小規模で地域に密着した形態へ移行できるよう支援するとともに，里親委託を社会的養護対象児童の3分の1程度に引き上げるという目標を掲げています。

②子どもと家族への支援

　施設入所している子どもや里親委託されている子どもたちは，地域の保育所や幼稚園，学校等に通い，普通の子どもたちと同じように生活し，成長していきます。その子どもたちは，それぞれに特別な事情を抱え，様々な課題をもっているため，地域に理解してもらい，関係機関と連携を図りながら生活を支えていくことが大切になります。連絡会などを開催して，個々の子どもの施設や学校，園での様子を確認し，それぞれの支援目標や対応方法を擦りあわせるなどしている場合もあります。

　また，児童相談所では親子分離後の家族再統合や再構築に力を入れるようになっています。児童養護施設の平均在所期間は4.9年であり，在所期間が1年未満の割合がもっとも多くなっている（厚生労働省，2015b）ことからもわかるように，施設等に入所している間も，家族が一緒に暮らせるための支援や関係を改善させるための支援を行い続けています。その結果，家庭復帰が決まった場合には，保育所や学校等の関係機関と情報共有し，それぞれの機関が役割を担い，在宅生活を支援しています。また，家族と子どもの小さな変化を見落とさないためにも，継続的に役割を確認する仕組みを作っておくことが大切です。

（4）子ども虐待予防の視点

①子どもの命を救うために必要なこと

2000年に児童虐待防止法が制定されて以降，虐待対応の体制は見直され，迅速な介入と適切な保護ができるよう児童相談所の権限も強化されてきました。しかし，児童相談所の児童虐待対応件数は増加の一途をたどっており，さらに2012年度の子ども虐待による死亡事例は78事例（死亡児童数は90人）と，依然として多くの尊い命が失われています。

「子ども虐待による死亡事例等の検証結果等について」（社会保障審議会児童部会児童虐待等要保護事例の検証に関する専門委員会，2014）によると，心中を除く死亡事例のうち0歳児の割合が4割以上を占め，とりわけ生後0日児死亡事例は約2割を占めています。0日児死亡事例では，望まない妊娠の占める割合が約7割となっています。その多くは，母子健康手帳の交付を受けていなかったり，必要な妊婦健康診査を受診していなかったりなど，若年での妊娠や望まない妊娠などによって誰にも相談できず悩みを抱えながら出産に至っています。検証結果の中で明らかになってきたことは，早期に発見できれば，命を救うことができる事例が多かったということです。そのため，虐待を予防するためには妊娠期から虐待のリスクに着目することが大切です。心配な家庭については，母子保健機関だけでなく子育て支援機関とも情報を共有し，今後起こり得るリスクを予測し，妊娠から出産・子育てにいたる切れ目のないサポートの仕組みを整えていくことが必要です。

②子どもと保護者への支援

市町村の母子保健部門では，医療機関と連携を図りながら，早ければ妊娠の届出の受理と同時にサポートを始めています。安心して出産できる環境を整えることは，生まれてくる子どもと家族とがよい関係を築く上でとても重要なことです。そして，出産後も子どもと家庭をサポートするための様々な事業が準備されています。乳児家庭全戸訪問事業（こんにちは赤ちゃん訪問）は，生後4か月までの乳児がいるすべての家庭を訪問し，子育て支援に関する情報提供

を行ったり養育状況を確認したりするための事業です。また，3〜4か月児健診，1歳6か月児健診，3歳児健診は90％以上の受診率があり，定期健診を通じて多くの子どもの発達状態，養育環境，育児不安の有無等を把握することができます。それらの事業を通じて虐待を発見したり，虐待のリスクの高い家庭を把握しています。また，訪問を拒む家庭や未受診の家庭を把握し，そのような家庭には虐待の可能性があることを認識し，必要に応じて他の機関とも連携を図りながら継続的にフォローしていくことが大切です。

　また，2015年4月から，子ども・子育て支援新制度が施行されました。子ども・子育て支援新制度とは，保護者が子育てについての第一義的責任を有することを前提としつつ，障害，疾病，虐待，貧困など社会的な支援の必要性が高い子どもやその家族を含め，すべての子どもや子育て家庭を対象とし，一人ひとりの子どもの健やかな育ちを等しく保障することを目指すものです。各市町村が作成した計画に従って様々なサービスが提供され，乳児家庭全戸訪問事業も，地域子ども・子育て支援事業の一つとして計画の中に含まれています。また，虐待予防にとくに関係する地域子ども・子育て支援事業として，妊婦健康診査の公費負担や養育支援訪問事業（支援がとくに必要な家庭に対し，その居宅に訪問し，養育に関する指導・助言等を行う），子育て短期支援事業（ショートステイ事業等），地域子育て支援拠点事業などがあります。地域子育て支援拠点は，子育て中の親子が気軽に集まれる遊びの場を提供し，親子の交流の促進や情報提供を行うとともに，子育ての不安や悩みを相談できる場を提供します。

　子育て中の親は，子どもの遊び場がないことや近所に相談する人がいないことが多いため，地域子育て支援拠点はそのような親のニーズに応える場になっています。また，保育所や幼稚園でも様々な形で地域の子育て支援を行っています。一時保育や園庭開放を実施したり，地域子育て支援拠点などを併設している園もあり，より身近な子育て支援の場として地域の子どもと家庭のサポート機能を期待されています。また，子どもが保育所や幼稚園に入所している場合は，送迎の際に職員が保護者とかかわることができます。日ごろのちょっとしたかかわりの中から，保護者と関係を築き，不安や育児の悩みなどを吐き出

せると感じてもらえることが大切です．それが，子どもの虐待を未然に防止するだけでなく，保護者が子育てに喜びや生きがいを感じながら子どもと一緒に成長していくための大切な取り組みだと感じています．

〈文献〉
神奈川県児童相談所 2009 子ども虐待防止ハンドブック
子どもの貧困白書編集委員会 2009 子どもの貧困白書 明石書店
厚生労働省 2012 平成23年度 全国母子世帯等調査
厚生労働省 2014a 平成25年 国民生活基礎調査
厚生労働省 2014b 平成25年度 福祉行政報告例
厚生労働省 2015a 平成25年度 子どもを守る地域ネットワーク等調査
厚生労働省 2015b 平成25年2月1日現在 児童養護施設入所児童等調査
三菱UFJリサーチ&コンサルティング 2014 子育て支援策等に関する調査
社会保障審議会児童部会児童虐待等要保護事例の検証に関する専門委員会 2014 子ども虐待による死亡事例等の検証結果等について（第10次報告）

9 章
保護者とのかかわり

辻河昌登

本章は，保育カウンセラーと保護者とのかかわりがテーマです。ここで，「保護者」について考えてみると，「保護者」という存在は「被保護者」，つまり「子ども」の存在があってはじめて成り立ちます。そのため，「保護者」とのかかわりを検討する際，「保護者」と「子ども」の一対をつねに念頭においておく必要があるでしょう。「保護者」は祖父母であったり，父母であったり，親戚であったりと様々ですが，本章で「保護者」という場合，カウンセリングに来談することの多い「母親」を指すこととします。
　ところで，「保護者とのかかわり」といっても，個別のカウンセリング，子育て懇談会，講演会，子どもの送迎時の立ち話など，様々ですが，本章では個別のカウンセリングに焦点づけて述べていきます。
　以下ではまず，クライエントである保護者の訴えを理解する上で必要とされる，カウンセリングの基本的態度と技法上のポイントについて述べます。

1　保護者とかかわるまでの準備

（1）カウンセラーの基本的態度

　カウンセラーが保護者とかかわる前にあらかじめ学んでおくべきこととして，ロジャーズ（Rogers, C. R.）が創始した来談者中心療法の基本的態度があります。この基本的態度の効用として，諸富（1999）は，「自分〔クライエント〕のありのままがほんとうに大切にされ，認められ，受け入れられる関係が築かれるならば，そのとき，内なる〈いのち〉の働き（実現傾向）が自ずと活性化し発揮され，新たな気づきを生じて建設的な人格変化がもたらされる」と説明しています（〔　〕内は筆者による補足）。
　その基本的態度には，以下の3つがあります。
　①無条件の肯定的関心
　これはクライエントの抱いている感情に対して評価的にならず，それらをすべてその人のものとして，あるがままに尊重しようとする態度です。

②共感的理解

これはクライエントの抱いている感情をありのままに理解し，それをカウンセラー自身があたかも自分自身のものであるかのように感じようとする態度です。たとえば，失恋体験について語るクライエントの話を聴いていて，クライエントの感情に巻き込まれずに，失恋の無念さや納得のいかなさをそのクライエント独自の体験として，ありのままに理解し感じようとするのが，この態度です。これはクライエントの感情に巻き込まれてしまって自分の失恋体験を思い出し，「私もそういうことがありましたよ」と言って泣きながら話を聴くといった「同情」的態度とは異なるものです。

③自己一致

これはクライエントの話を聞いた際に，カウンセラーが自分自身のこころの中で起こった感情に忠実であろうとする態度です。クライエントに対してネガティヴな感情が起こった場合，それを否定したり，歪曲したりしないで，どうしてそのような感情が起こったのかについて吟味する必要があります。

クライエントは，こうしたカウンセラーの基本的態度に支えられながら自己理解を深め，自己の問題の解決に取り組むようになります。

（2）技法上のポイント

カウンセラーは上記の3つの態度に基づいて，次のような技法上のポイントを押さえながらクライエントにかかわる必要があります。

①受容

クライエントの発言にしっかりと耳を傾け，〈うん，うん〉〈なるほど〉などと応答しながら気持ちを受け止めます。相手に対するこうした傾聴的態度によって，クライエントのこころの中に積極的に相談しようという感覚が芽生えます。

②反射・明確化

カウンセラーがクライエントの話を聞いて理解したことについて，〈あなたは～と思うのですね〉などと要約して伝え（反射），感情や考えを明確化しま

す。こうした反射・明確化を続けているうちに，クライエントは「このカウンセラーは自分のことをわかってくれる人だ」という陽性感情を高めていきます。

③質問による非指示的リード

クライエントが自己の感情や考えを抽象的な表現で語るため，カウンセラーはそれらを理解しにくいことがあります。そういう場合，〈～をもう少し詳しく話せますか？〉などと質問します。クライエントがこれに応えることによって，カウンセラーと感情や考えを共有できるだけでなく，クライエントも自身のそれを明確化でき，一層自己理解を深めることができます。

カウンセラーはこうした3つの技法上のポイントを押さえながらかかわることで，クライエントとの間に「ラポール」と呼ばれる信頼関係を形成し，必要に応じて励ましや助言・指導を行ないます。

2　保育カウンセラーの存在を知ってもらうこと

さて，カウンセラーは上記のような基本技術を習得し，いよいよ保育カウンセラーとして活動するわけですが，まず保護者に保育カウンセラーの存在を知ってもらい，園の援助資源として有効に活用してもらう必要があります。そのためには，入園前の保護者説明会に出席してあいさつをする，子育て懇談会や講演会を開く，定期的に「カウンセラーだより」を配布する，などの工夫をするとよいでしょう。筆者は2か月に一度，「カウンセラーだより」を配布しています。図9-1は新入園児の保護者向けの「カウンセラーだより」です。

カウンセラーはこのような事前の準備をしてカウンセリング経験を重ねていくわけですが，経験を重ねていくうちに，現代の家族が抱える問題が浮き彫りになってきます。以下では，筆者が経験を重ねる中で浮き彫りになってきた現代の家族における夫婦関係，親子関係の問題について検討し，それをふまえた上で保護者とのかかわりの実際を述べます。

9章　保護者とのかかわり

カウンセラーだより
No. 1

臨床心理士（カウンセラー）　辻河　昌登
　　　　　　　　　　　　　　つじかわ　まさと

　暖かいさわやかな風が舞う季節となりました。
　このたびはお子様のご入園、おめでとうございます。
　お子様の健やかな成長のために、そして保護者の皆様の子育てを支援するために、カウンセラーとしてお手伝いをさせていただきます辻河昌登と申します。
　園には月に2回訪問させていただいております。
　どうぞよろしくお願い申し上げます。
　さて、4月から5月までのカウンセリングの募集を致します。カウンセリングの部屋にはおもちゃのある遊びの空間がございますので、入園前の小さなお子様をお連れの保護者の方には、お子様をその空間で遊ばせながら相談を受けていただくことが可能です。
　子どもへの対応、家族関係、対人関係などで困っておられる保護者のみなさまは、ぜひお申し込み下さい。

カウンセリングを申し込むには？

　きりとりせんの下の部分に記入した後、切り取って、職員室におられる先生か担任の先生にお渡し下さい。相談料金は無料です。相談時間は一回につき30分となっています。原則として、秘密を厳守いたします。予約時間決定後にキャンセルをなさる場合は、できるだけ早くご連絡下さい。

――――――――――――――　きりとりせん　――――――――――――――

お子さまのクラス　（　　　　）　お子さまの氏名　（　　　　　　　　）
保護者の氏名　（　　　　　　　　）　続柄　（　　　　　　　）

● 何日の何時からがよいか下の表にご記入下さい。第一希望〜第三希望まで、第一希望の枠には「1」、第二希望には「2」というように、希望順をご記入下さい。

	10時〜10時30分	10時30分〜11時	13時〜13時30分	13時30分〜14時	14時〜14時30分
4/14(火)		×		×	
4/27(月)					×
5/18(月)		×			
5/27(水)					×

図9-1　新入園児の保護者向けの「カウンセラーだより」

3 現代の家族が抱える問題

（1）「健全な核家族」とは？

　小此木（1992）は，現代の家族が抱える問題について，戦後わが国に次第に定着してきた核家族の観点から論述しています。その中で彼は，かつての米国社会における民主的な核家族観に基づいたリッツ（Litz, 1963/1968）の見解を紹介しています。

　リッツは，「健全な核家族」の基準として，次の3つの条件を挙げています。第一は「親の連合」，第二は「世代間境界の維持」，第三は「性に関連した役割の維持」です。

　第一の「親の連合」とは，夫婦が自分たちの子どもや親との関係よりも，自分たち夫婦の結合・同盟関係を絶対的に優先するということです。たとえば，何事かが起こったときには，つねに夫婦が団結し，同盟して事に当たっていきます。ここでは，夫婦それぞれの父親や母親との結びつきよりも，自分たち夫婦の結びつきの方が強いのが当然という態度が期待されます。夫は自分の母親に対して，結婚前はどんなに強い絆をもっていたとしても，自分の妻との関係の方が母親とのそれよりも近く，つねに2人は共通の考えと意見で父親や母親に対するという立場が確立していなければなりません。これは妻についても同様です。また子どもの教育に関して言えば，こうした親の連合が破綻すると家庭内の秩序が混乱し，夫婦が子どもたちに一貫した教育方針を伝えられない事態となります。

　第二の「世代間境界の維持」とは，子ども・親・祖父母といった各世代間のタテ関係よりも，世代内のメンバー同士のヨコ関係を優先する秩序が確立していることをいいます。逆に，世代間境界に混乱が起こり，たとえば，父母が不仲である場合，母親と息子が団結して父親を憎んだり，娘があたかも父母の親と化して両者の仲裁役を果たしたりすることがあります。このような世代間境界の混乱は，父母と子どもとの間だけではなく，父母とその親世代との間でも

起こります。つまり，実家の父親や母親との結びつき，あるいは一緒に暮らしている父親や母親との結びつきの方が，夫あるいは妻との結びつきよりも濃厚であるという場合があります。

　第三の「性に関連した役割の維持」とは，次のような結婚観，家族観に基づくものです。すなわち，父親は健全な男性であり，母親は健全な女性であり，その両者が互いに愛情を健全に満たしあって結びついていることが夫婦の基本であり，その上に家庭が成り立つといったものです。両親が互いの愛情を確認しあい，それぞれが「よき男性」・「よき女性」としての模範を子どもたちに提示することによって，子どもたちはそれらをモデルとして，自分たちの男性性・女性性を形成していきます。

　筆者が保育カウンセリングの実践の中で出会う保護者の家族の問題には，これら3つの条件がクリアされていないことが密接にかかわっているように思われます。それらの家族の多くは，三世代が同居する拡大家族ないしは親が「スープの冷めない距離」に近居する形での核家族です。そこでは，タテ関係を重視した儒教道徳による親孝行を絶対視するような，タテ型の家族関係観が暗黙の形で家族を支配しています。そのような家族の中で暮らして苦悩している保護者は，カウンセリング場面においてリッツのいう上記3つの条件のいずれかを話題にします。

　ただし，第一の「親の連合」，つまり，夫婦の結びつきの弱さを問題視している保護者は多くありません。このことは，昨今の夫婦（とくに夫）の長時間労働による直接的な対話時間の少なさなどにも起因するのかもしれませんが，夫婦の結びつきの弱さは往々にして，「子どもができたらそういうものだ」「子育てしている間は仕方がない」などの理由で問題視されません。第三の「性に関連した役割の維持」についても，保護者から「望ましいこと」としては語られますが，検討の中心課題になることは多くありません。もっとも多く問題にされるのは，第二の「世代間境界の維持」が不全であるといった問題です。

　小此木（1992）は，わが国の家族においては，「夫が妻よりも母親を大事にしたり，妻が自分の夫よりも実家の父親との絆が強すぎたり，という形での世

代間境界の混乱を正当化するパターンが残っている」ことを挙げ，わが国の核家族は，夫と妻といった夫婦のヨコ関係を大切にする米国的な核家族とは異なることを指摘しています。筆者のもとに来談する保護者の家族の中には，「タテ型の家族関係観」に支配されており，世代間境界が曖昧で，子世代が子どもらしく，親世代が親らしく，祖父母世代が祖父母らしくあることが困難になっている家族が散見されます。

　ところで，このような家族の中で起こっている事象の一つとして，家族の心理的課題がタテ型の家族関係の中で世代間伝達されるといった問題があります。ここでは次に，カウンセリング場面でしばしば中心的なテーマとなる世代間伝達の問題について述べます。

（2）世代間伝達の問題
①保護者の困難の背後にあるもの

　子どもはこの世に生を受けるとき，ある特定の親を運命的に与えられます。比較的健全な家庭であれば，子どもは通常，その親から「子ども」としての世話を受けながら親子の絆を形成していきます。すなわち，お腹が空けば母親の温かい腕に抱かれ，優しい言葉をかけられながら母乳を与えられます。やがて子どもが成長して親とともに食卓を囲むようになると，家族の団欒の中で，子どもには食べ物とともに情緒的な応答が与えられます。子どもはそれらを与えられたことの歓喜を笑顔や感謝の言葉で表現し，それによって親は子育てという多難な営みへの報酬を与えられたと感じることができます。

　筆者が保育カウンセリングの現場で出会う子育て中の保護者（その多くは母親）の中には，このような親子の相互影響的で互恵的な関係を子どものころに自分の親との間で体験し得なかった方がいます。彼女たちは幼少期から，世代間境界の曖昧な家族の中で，自身の親に対して親の親であるかのように振る舞い，親の世話役となることに自身の存在価値を見出し，世話されるべき「子ども」としての依存欲求を抑圧してきたのです。そして，こうした自身の親との関係パターンが，配偶者との関係，保護者同士の関係，職場での対人関係と

いった，現実の様々な対人関係においても反復しており，自分らしくあることが困難になって苦悩しています。さらに，そのような保護者から，そうした関係パターンの一端を担っている，保護者自身の親が体験した過去の関係的なエピソードが語られるのを聴くたびに，保護者の訴える生きる困難には，保護者の親自身ないしは先代からの未解決の心理的課題が潜んでおり，その課題が世代間で伝達されることによって保護者がそれを背負わされ，そしてそれを背負いきれずにわが子に背負わせようとしているのではないかと考えさせられます。

　筆者はこうした事例を体験するうちに，保護者の親と保護者自身と子どもといった，三世代の相互影響的な関係の中で起こる「世代間伝達」という観点から，それらの事例を理解していくことの重要性を痛感するようになりました。

②先行研究から

　世代間伝達の問題について，鑪（1990）は，エリクソン（Erikson, 1963/1977）のライフサイクル論の視座から，「心理臨床的な問題は三世代を要する」とし，親は「子どもとしての親との関係」と「親としての子どもとの関係」といった三世代間の心理的な再編成の仕事をしなければならないとしています。そして，その再編成の課題は，子どもたちの反抗に耐え，信頼をもって見守り，子どもたちの新しい異質の考え，親としての自分を超えた理想像や権威像を受け入れ，心理的に自分との距離を取っていく不安や恐怖に耐えていくことであるとし，親世代がこうした課題を引き受けることができないとき，それらの課題はすべて子どもたちが背負わされることになるとしています。また河合（1980）も，「家の中に起こる問題は先代から継承されてきたものであることが多い」としています。

　以上のことから，保育カウンセリングの中で保護者の生きる困難を考える際には，保護者自身の親・保護者・子どもといった三世代の世代間関係を検討することが重要であると考えられます。

4　保護者とのかかわりの実際

　ここで，世代間伝達の問題を抱えた保護者とのかかわりの実際として，娘への虐待の不安を抱える母親とのカウンセリング事例を提示します。なお，提示する事例は，筆者がお会いしてきた保護者の事例の中から複数の事例を抽出し，その経過を合成したものであり，一人の保護者の事例における固有の経過ではないことを，あらかじめお断りしておきます。

（1）事例の提示
①Aさんの怒りと不安

　本事例の保護者は年長組に在籍している園児（6歳）の母親Aさんで，主訴は「（自分の）子どもに対する接し方が最悪。大声で怒ったり，強く叩いたりとかして，虐待しているのではないかと思う」とのことでした。筆者が〈具体的には？〉と尋ねると，「娘に対してつねに怒っていて，あの子がほめてほしそうにしても，ほめることができないんです。ほめる気になれないんです。汚い言葉で『あんたなんか，出て行きなさい！』と言って殴って，出かけるときの用意も『何やっているの！　早くやりなさい！』と言って殴ったり蹴ったりしてしまうんです」「あの子は年中組のときまでは言うことをきいていたのに。最近は，私があの子のしつけのためと思ってこうしてほしいと思ってやっていることを，あの子がちゃんとやってくれないのが腹が立つんです。自分ではどうしてこんなに腹が立つのかわからないぐらい腹が立つんです」「毎日あの子のことを見ていて，言うことを聞くようになりそうにないんです」と，一気呵成に語りました。

　また，そのようにAさんに怒られている娘は，Aさんの言うことに「ビビって」素直に従うこともありましたが，最近では無視して聞き流すことが多くなり，もうすぐ2歳になる弟をよくいじめるようになったとのことでした。そしてAさんは，「下の子もこれからどんどん上の子（娘）みたいに無視するよう

になってくるのかもしれない」と不安そうな面持ちでした。

②Aさんの母親に関する語り

　筆者は数回のカウンセリングにわたって，Aさんの子どもたちへの不満や不安を聞き続けていました。その中に出てくる「あんたなんか，出て行きなさい！」「何やっているの！　早くやりなさい！」などの，実際に子どもに浴びせている言葉を話すときのAさんの話し方は凄まじく，そのとき筆者は，「『ビビって』素直に従う」娘の情緒を体験したように感じていました。

　また数回のカウンセリングの中では，休日でもパチンコやマージャンに出かけるなど，家事・育児に協力しない夫への不満，「子育ては嫁の仕事」と言い，たまにやってきてはAさんのやることなすことすべてにケチをつける義母への怒り，なども語られました。そして，ある日のカウンセリングの中で，Aさん自身の母親の話題が出たため，筆者が〈では，Aさんご自身のお母様とのかかわりはいかがでしたか？〉と尋ねると，Aさんは次のようなことを語り始めました。

　「私が上の子にそういう態度をとった後は，たまに母とのことが思い出されるんです。私の家族は○○県に住んでいたのですが，私は1歳を過ぎたころから小学校入学前ぐらいまで，（その隣県にある）母の実家や親戚の家に1か月間預けられるということが年に何度もあったらしいのです。私は5人きょうだいの長女だったので，下の子が生まれるたびに長期間預けられていて，あまりちゃんとかかわってもらえなかったんです。父は一年のほとんどは仕事で出張に出ていたので，私はよく母の家事を手伝ったり，下の子たちの面倒を見たりしていました。経済的にも苦しかったので，買ってほしいものをねだると怒られたり，しつこくねだると無視されて，スーパーに私だけ置いて行かれそうになったりしたこともありました。母の実家の家族もお金に苦しかったのですが，きょうだいがたくさんで，長女だった母はよく『遊んでいる暇なんかないよ！』と言われて，母の母によく家事を手伝わされて大変だったらしいです。私は小さいころから，いつもその話を聞かされていました。」

「高校時代,友だちは毎日弁当を持って来ていたのですが,私は母に一度も弁当を作ってもらえず,自分で作って持って行ったり,売店でパンを買ったりしていたというのをよく覚えています。とにかく高校時代のことは,母にしてもらえなかったことばかりが記憶に残っています。それで,私が短大のときに両親が離婚して,その後の連休や夏休みとかは,母は下の妹たちだけを連れて実家によく帰っていました。」

「私が30歳前ぐらいのときに一番下の妹が就職して,母はこっちの家から実家に戻りました。ちょうどそのころ,私が会社の階段を踏み外して両足を骨折したのですが,母は一度も見舞いに来てくれませんでした。最近は昔からのそういうことをいろいろと思い出して,イライラして子どもたちに当たってしまうんです。母とのことをクリアしないと子どもたちにますます八つ当たりして,悪影響が出てしまうと思うんです。今はあの子たちが傷つくのをわかっていても,してしまうから。」

③Aさんの母親との関係と子育ての変化

そして,その次のカウンセリングでは,「母親のことを思い出してイライラするようになったのは,下の子が生まれて上の子がいろいろと悪さをして言うことを聞かなくなって,遊びに来ていた母がまったく上の子にかかわらなくなって,下の子ばかりをかわいがるようになったことがきっかけなんです。2人の孫に分け隔てなくかかわってやってほしいんです。私も上の子を放っておいて下の子の世話ばかりして,よく考えると母と同じようなことをしているので母のことは言えないのですが,母が上の子にそうしたのがすごく嫌だったんです。見ていて,上の子のことがすごくかわいそうになるんです」と語りました。そこで筆者が,〈先日の話では,Aさんご自身も昔,下の子が生まれたら,かかわってもらえなかったということでしたね?〉と言うと,「あ〜っ! だからそう思うのかもしれない。昔,『お母さんは私のことを好きではないのだなあ』と思っていたような気がする。ちょっとでも好きになってもらうために,わがままを言わないようにして,手伝いを一生懸命にやっていました。あっ,

そういえば，きょうだい喧嘩をしていたときに，母に湯飲み茶碗を投げられて血が出たことがあったんですけど，母は何も処置をしてくれなかったんです。いつも下の子たちばかりをかばうので，そういうときは確実に『私のことを好きではないんだ』と思っていたと思います。私が母とのことを何とかしないと，上の子は私といい思い出が作れないと思うんです」と語りました。

　その後のカウンセリングでは，「母に昔のことを話した」ことが話され，そして「母と大喧嘩をしている」ことがたびたび語られました。そして最終回には，「カウンセリングに来て話すことで，いろいろと昔の母とのことが整理できて気持ちが落ち着いてきました。子どもたちに当たってしまうことも随分減ったし，手は出さなくてもよくなりました。そうしたら，子どもも私を無視しなくなったんです」「母は相変わらずですが，まあ前から言いたかったことは言えたし，今も我慢しないで言っています。母とは喧嘩しながら，母への嫌な気持ちをもちながらも，やっぱり親だから何とかつきあっていかないといけないのだと思うんです」とのことが語られました。

（2）考察
　①Aさんの子育ての背後で起きていたこと
　来談したAさんが主訴を語る際，「(娘に対して) どうしてこんなに腹が立つのかわからないぐらい腹が立つ」とのことでした。Aさんは自分のそのような内的状態が自分の力だけでは対処しきれないものであると感じ，また「虐待しているのかもしれない」と自分の対応がさらにエスカレートしてしまうことを恐れて来談したものと推察されます。
　当時のAさんは，娘に対して「蹴ったり殴ったり」しており，そうされている娘は弟を葛藤の捌け口にしていじめていました。このことは，娘のこころの中にある「母親によって支配される自己」のイメージが，弟への暴力を通して弟のこころの中に投げ込まれ，娘は弟を「姉によって支配される対象」とみなして支配することにつながったものと理解できます。そしてこのことは，Aさんが自分自身の下のきょうだいたちに取ろうとしていた行動であったかもしれ

ず，娘が弟に対して向けているこのような行動によって，Ａさんのこころの中に眠っていた未解決のきょうだい間の葛藤がよみがえってきたものと考えられます。

さらにＡさんは，このような娘とのかかわりの中で，日々無意識が揺り動かされ，現在の内的状態が自分の母親との関係に由来するのではないかと感じ始めました。その後の数回のカウンセリングにおいては，下のきょうだいの出産のたびに母親の実家や親戚の家に1か月間預けられていたこと，買ってほしいものをしつこくねだると無視されていたこと，高校時代に一度も弁当を作ってもらえなかったことなどが語られました。またその中で，Ａさんの母親も（その上の世代の）母親に家事の補佐役を強いられていたことが語られ，そしてそうされていたＡさんの母親もＡさんを補佐役にしていたことが明らかになりました。つまり，子どもを家事の補佐役として使い，子どもは我慢してその役割を果たすといったパターンが，3世代にわたって伝達されていることが明らかになったわけです。Ａさんは，下のきょうだいたちが偏愛され，あたかも自分が無視されているかのように感じていながらも，母親に「ちょっとでも好きになってもらうために」，母親の補佐役（世話役）を演じていたものと考えられます。

またＡさんは初回に，子どもたちから無視されることへの不安を表明していましたが，これは子どもたちとかかわりながら，子どもの中に自分を世話せずに無視していた自分自身の母親の姿を映し出していたものと考えられます。さらに，「私がこうしてほしいと思っていることをちゃんとやってくれないのが腹が立つ」ということでしたが，このことからは，Ａさんが無意識のうちに，自分の母親との間で満たされなかった愛情を満たそうとして，娘を用いようとしていたことがうかがわれます。

②Ａさんが変化するために必要だったこと

そしてＡさんは，「母とのことをクリアしないと子どもたちにますます八つ当たりして，悪影響が出てしまうと思う」と考え直し，その次のカウンセリン

グでは，息子を出産後に自分の母親が息子を偏愛する態度が嫌だったことを語りました。これは，Ａさんが娘に過去の自分の姿を映し出し，母に怒りを感じていたものと思われますが，しかしその一方で，自分も知らず知らずのうちに母親と同じことをしていることに気づいていました。そして，筆者の質問をきっかけに，母親が下のきょうだいたちを偏愛して，「私のことを好きではないんだ」と思っていたことを回想し，あらためて自分と母親との関係を検討しなければならないことに気づきました。

　自分の母親から適切に養育を受けなかったと感じていたＡさんは，筆者との間で支えられる体験をし，筆者からよい母親のイメージをこころの中に取り入れていきながら，自身が否認していた母親に対する未解決の葛藤について，感情を込めてふり返ることができるようになりました。そして，自分が取る娘への行動が母親に対する葛藤に由来することを実感することによって，母親との葛藤を映し出し，そして支配する相手として娘を用いる必要がなくなりました。

　Ａさんは最終回に，母親に対する愛情と憎しみが入り混じった感情を抱えもちながら生きていくしかないという決意を語りました。今後Ａさんが，日々の家族とのかかわりあいの中で，母親との関係やわが子との関係に向きあい検討し続けるならば，自身の母親との葛藤を抱えもちながら生きていけるようになり，それをわが子の世代にまで伝達しないですむものと思われます。

5　保護者とのかかわりにおけるカウンセラーの臨床的作業

（１）保護者を「一個の人間存在」としてとらえ，とくに世話を希求する「子どもとしての自己」にかかわること

　本事例で提示したＡさんは，カウンセラーである筆者との対話を通して，家族歴における様々な自己，つまり，「子どもとしての自己」「姉としての自己」「妻としての自己」「嫁としての自己」「母としての自己」を表現していました。筆者は，Ａさんがそのような多様な自己の側面を自由に展開することのできる場として，カウンセリング場面を提供する必要があると考えていました。なぜ

ならば，そのような場を提供することによってはじめて，Aさんに保護的な心理的空間が与えられ，Aさんはその空間の中に今まで否認してきた自己を描き出すことが可能になるからです。

そしてとくにAさんが表現したのは，「子どもとしての自己」でした。それは「子ども」としての自発的な要求にかなった世話を求める自己であり，Aさんにとっては，これまでに体験したことのない自己でした。世代間境界が曖昧な家族の中で育ったAさんは，親の役割を代行しており，家族の中で「子どもとしての自己」を表現することが困難でした。カウンセリング場面でこの「子どもとしての自己」がしっかりとカウンセラーに世話されることによってはじめて，Aさんは「母親としての自己」の課題にも向きあうことができ，自分自身で新たな生き方を模索していけるようになったのです。

そのためカウンセラーは，保護者を「母親という存在」としてだけでなく，様々な自己を内包した「一個の人間存在」としてとらえ，とくに保護者の「子どもとしての自己」を支え，彼らの新しい生き方を手助けする「保護的な親」ないしは「世話役」として機能することが必要不可欠であると思われます。

（2）「世話役としての自己」を抱え検討しながら生きるという目標

さて，このような自身の親の世話役をしてきた保護者とのカウンセリングにおいて，その最終目標となるのはどのようなことでしょうか。

Aさんは最後のカウンセリングで，「母とは喧嘩しながら，母への嫌な気持ちをもちながらも，やっぱり親だから何とかつきあっていかないといけないのだと思うんです」と述べていました。このように世代間伝達された未解決の心理的課題に関連する葛藤は，消失させたり，処理したり，断ち切ったりなど，亡きものにできる性質のものではないのでしょう。松木（2011）は，精神分析実践の目標を，医療が一義的に目標とする苦痛の除去ではなく，「不可避な不幸・苦痛にもちこたえる能力の強化である」としています。筆者もこの松木の見解を支持します。すなわち，保護者とのカウンセリングにおける目標は，Aさんのように，世代間伝達された未解決の心理的課題に関連した「世話役とし

ての自己」を，保護者自身が抱え検討しながら生きられる状態になることであると考えられます。

〈文献〉

Erikson, E. H. 1963 *Childhood and society. 2nd ed.* New York : W. W. Norton & Company.（仁科弥生（訳）1977 幼児期と社会1, 2 みすず書房）

河合隼雄 1980 家族関係を考える 講談社現代新書

Litz, T. 1963 *The family and human adaptation.* New York : International Universities Press.（鈴木浩二（訳）1968 家族と人間の順応 岩崎学術出版社）

諸富祥彦 1999 ロジャース 弘中正美・濱口佳和・宮下一博（編著） 子どもの心理臨床 北樹出版 pp. 52-65.

小此木啓吾 1992 家庭のない家族の時代 筑摩書房

鑪 幹八郎 1990 ライフサイクルと家族 小川捷之・鑪 幹八郎・齋藤久美子（編） 臨床心理学大系 第3巻 ライフサイクル 金子書房 pp. 1-22.

松木邦裕 2011 不在論──根源的苦痛の精神分析 創元社

トピックス　保護者と保育者のやりとりから生まれるもの

筆者が月島聖ルカ保育園に，園長として勤務していたときでした。平屋の園舎と園庭と"朝潮運河"の堤防を利用した遊具を大変気に入った親子が，転園してきました。この地域では園庭が無い園がほとんどでした。朝潮運河に海からえいやぼら等が泳いでくる様子を子どもたちは楽しみました。

都心であっても自然環境に恵まれていることを保護者は喜びながら，老朽化した園舎の改築を希望し，運営の社会福祉法人への切り変わりとともに，防災の安心・安全が保証された園舎へ改築となりました。折しも3・11の震災発生時を新園舎で迎えたのです。園児が60名から101名に増えたことで子どもたちの生活にも新たな変化がおこります。

遊ぶ中で起こる喧嘩や怪我が多くなったことは，保護者の気になる出来事でした。しかし，子どもたちが十分に体を動かして遊ぶ生活が，戸外や園舎で展開されるとき，友達とかかわり合うことによって，相手の存在を認め，双方が成長するきっかけになるということに，次第に気づいたようでした。喧嘩や怪我は場所の取り合いや仲間に入れないこと等で起きるのですが，その経過状況をよく見届ける保育者の仲立ち，声掛けのタイミングとその一言で，子どもは仲間と折り合う"こつ"をつかんだり，相手の存在を知るきっかけになります。そしてそのようなことを心を砕いて保護者に伝えていくことにより，保育者の人間性が伝わっていきます。子育ての知識や情報が手軽に手に入る現在ですが，現実は，やはり保育の現場で，保護者が保育者や園長と子どもの生活について話し合うことが，大変重要な問題解決になるのです。手軽な携帯電話の普及でメル友との繋がりが優先されがちですが，地道にこの経験を積み重ねることが重要です。

保育園は近年，子育てに携わる父親の参加が広がり，保育参観や朝夕の送迎を母親と共有することで子どもの成長への関心が強まっています。

一日の子どもの様子を知る助けに連絡帳を，登園時には保護者から保育者へ，降園時には保育者から保護者へ渡します。筆者が園長として勤めていた，みちてる保育園でのある朝でした。連絡帳に，家庭で起きたことと落ち着かない子どもの様子が記されていました。心配した保育者と園長が面談し，家庭の事情がわかったのです。保護者と園が深くかかわり合うことにより，家庭も子どもも落ち着きました。連絡帳が働く両親と子どもの育ちの下支えとなって，信頼が"いのち綱"になるという，大変貴重な経験をしました。

(植松　頌)

10 章
地域とのかかわり

馬見塚珠生

保育カウンセラーの地域とのかかわりには，次の2つの方向が考えられます。すなわち，①園が行う地域子育て支援への協働，および，②園児やその家庭がかかわる地域の他機関との連携，です。本章では，これら2種類の地域とのかかわりについて実践例を交えて紹介していきます。

1　地域における子育て支援の重要性

（1）保育所・幼稚園における地域子育て支援の位置づけ
①保育所・幼稚園の役割

　社会状況が急速に変化する中，地域のつながりの希薄化，核家族化，親のライフスタイルの変化，経済状況の変化，子どもとどうかかわればいいのかわからずに悩み，孤立感をつのらせる親の増加など，子育てしにくい社会環境の問題が指摘されて久しくなります（図10-1，図10-2）。このような中，2015年4月から施行された子ども・子育て支援新制度では，保育の必要性によって就学前の乳幼児の保育・教育機関を親が選べるようになることと，これまで各地で展開されていた子育て支援事業を，「地域子ども・子育て支援事業」として法的に位置づけ，自治体が実施主体となって推進していくことになりました（内閣府子ども・子育て本部，2015）。

　一方，保育所・幼稚園はこの新制度以前より，園がもつ特性と地域事情に応じて，園に通う子どもとその家庭だけでなく，就園前の乳幼児をもつ親を含めた保護者への子育て支援を行うことが強く求められてきました（表10-1）。2008年改訂の保育所保育指針第6章3では，保育所は「地域の子育ての拠点としての機能」を，幼稚園教育要領第3章第2-2では，幼稚園には，「地域における幼児期の教育のセンターとしての役割」を果たすよう積極的に努めることが明記され，保育所・幼稚園は園に通う子どもの保護者支援と同時に，地域の子育て家庭への支援にも貢献してきています。

　図10-1，図10-2を見ると，過去30年間以上，子どもを見守る地域とのつながりが減り続け，子どもを知らないまま親になる世代が増えている様子がよ

10章 地域とのかかわり

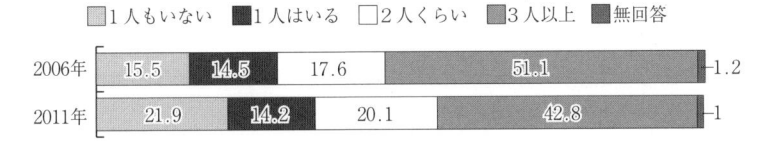

○○ちゃんのことを気にかけて，声をかけてくれる人

	1人もいない	1人はいる	2人くらい	3人以上	無回答
2006年	15.5	14.5	17.6	51.1	1.2
2011年	21.9	14.2	20.1	42.8	1

子ども同士を遊ばせながら，立ち話をする程度の人

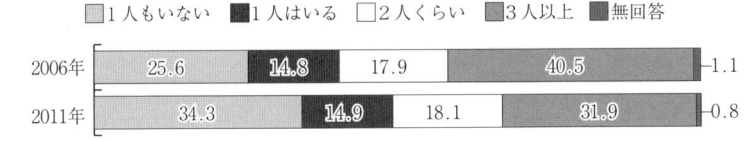

	1人もいない	1人はいる	2人くらい	3人以上	無回答
2006年	25.6	14.8	17.9	40.5	1.1
2011年	34.3	14.9	18.1	31.9	0.8

図10-1　地域社会とのつきあい

(注)　満0～2歳の第1子（ひとりっこ）を持つ妻(2006年1,860名，2011年1,843名)を対象にした調査
(出所)　ベネッセ次世代育成研究所（2012）

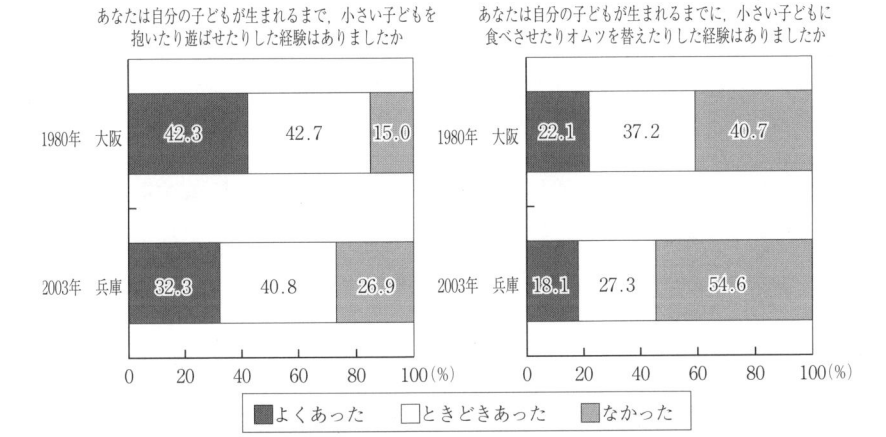

あなたは自分の子どもが生まれるまで，小さい子どもを抱いたり遊ばせたりした経験はありましたか

	よくあった	ときどきあった	なかった
1980年 大阪	42.3	42.7	15.0
2003年 兵庫	32.3	40.8	26.9

あなたは自分の子どもが生まれるまでに，小さい子どもに食べさせたりオムツを替えたりした経験はありますか

	よくあった	ときどきあった	なかった
1980年 大阪	22.1	37.2	40.7
2003年 兵庫	18.1	27.3	54.6

図10-2　出産前に赤ちゃんへの世話をした経験の比較調査

(注)　大阪レポートは大阪府A市で出生した約2,000人の乳幼児を対象にした1980年の調査，兵庫レポートは兵庫県H市で出生した約2,000人の乳幼児を対象にした2003年の調査
(出所)　原田（2006）

くわかります。また，日本の子育ての特徴として，3歳未満児の70％以上が在宅で養育されており，在宅子育ての母親の方が子育てがしんどいと答える割合が高いという傾向が見られています（こども未来財団，2001）。0，1，2歳児を抱える親を孤立から防ぎ，子育てが楽しいと思えるように支援することは喫

表10-1 「保育所保育指針」「幼稚園教育要領」における子育て支援の記述

保育所保育指針	第1章 総則　2　保育所の役割 （3）保育所は，入所する子どもを保育するとともに，家庭や地域の様々な社会資源との連携を図りながら，入所する子どもの保護者に対する支援及び地域の子育て家庭に対する支援等を行う役割を担うものである。 第6章　保護者に対する支援　3　地域における子育て支援 （1）保育所は，児童福祉法第48条の3の規定に基づき，その行う保育に支障がない限りにおいて，地域の実情や当該保育所の体制等を踏まえ，次に掲げるような地域の保護者等に対する子育て支援を積極的に行うよう努めること。 　　ア　地域の子育ての拠点としての機能 　　イ　一時保育
幼稚園教育要領	第3章　指導計画及び教育課程に係る教育時間の終了後等に行う教育活動などの留意事項 第2　教育課程に係る教育時間の終了後等に行う教育活動などの留意事項 2　幼稚園の運営に当たっては，子育ての支援のために保護者や地域の人々に機能や施設を開放して，園内体制の整備や関係機関との連携及び協力に配慮しつつ，幼児期の教育に関する相談に応じたり，情報を提供したり，幼児と保護者との登園を受け入れたり，保護者同士の交流の機会を提供したりするなど，地域における幼児期の教育のセンターとしての役割を果たすよう努めること。

（出所）　厚生労働省（2008），文部科学省（2008）

緊の課題となっています（前田，2014）。そうした，若い親にとって，地域にある保育・幼児教育の専門機関である保育所・幼稚園は身近な子育て支援機関であり，安心して頼れる存在として重要な役割を果たすのです。

②園が行う地域子育て支援

　地域に向けて園が行う子育て支援には，大きく分けて2つの機能があります。一つは，「地域の子育ての拠点としての機能」，もう一つは「一時保育」です。
　とくに前者の「地域の子育ての拠点としての機能」には，以下の4つの機能があります（保育所保育指針第6章3）。
①子育て家庭への保育所機能の開放
②子育て等に関する相談や援助の実施
③子育て家庭の交流の場の提供及び交流の促進
④地域の子育て支援に関する情報の提供

具体的には，園庭などの施設開放，親子遊び，保護者向け子育てセミナーなど，親子双方に向けて園の事情に応じて多様な内容が提供されています。それは，保護者の側にとっては身近で安全な場所で子どもを遊ばせることができ，他児と交流させる機会が得られることになり，子育てを学ぶ機会を得ることになります。また，園の側にとっても，在園の子どもたちの成長・発達によい影響をもつことなどが評価されています（安藤ほか，2007）。

こうした就園前の園の取り組みに対して，保育カウンセラーは，心理臨床の専門的視点をもって協力することで，親の子育てをより前向きにし，子どもの健やかな発達を促すことができます。具体的な取り組みについては2節で紹介します。

（2）特別な配慮を要する子どもを地域で連携して見守ることの重要性

保育所保育指針では，第6章2において，保育所に入所している子どもの保護者に対する支援があげられていますが，とくに，（4）子どもに障害や発達上の課題が見られる場合，（5）保護者に育児不安等が見られる場合，（6）保護者に不適切な養育や虐待が疑われる場合に，個別の支援を行い，適切な対応を図るように明記されています。こうした個別の配慮を必要とし，かつ，緊急性がさほど高くないケースについては保育所が継続的にかかわるという状況も増えています（塩崎，2009）。塩崎によると，集団活動に重きをおく保育現場では，1対1での対応が現実的には難しい場合もあり，また，保育者の負担という視点からも，心理臨床の専門性をもつ保育カウンセラーがアセスメントや個別相談を担ったり，専門機関への橋わたし役として連絡や紹介，調整，その後のフィードバックなどを行い，個別対応の役割を保育者と協働で果たしていくことが期待されているといいます。

特別なニーズをもつ子どもは，保育所・幼稚園だけではなく，市町村の保健センター，療育機関，相談機関とかかわりながら支援されていることが多く，それらの機関とより有効な連携が図れるように，保育カウンセラーが果たす役割については，3節で具体的に紹介していきます。

2　保育カウンセラーの地域における子育て支援との協働

　園が行う地域に向けての子育て支援事業に保育カウンセラーがかかわった事例をいくつか紹介します。

（1）未就園児の親子教室に保育カウンセラーがかかわった事例
　幼稚園では，地域の子育て支援の一環として，未就園児向けの親子教室を開催する園が多くあります。未就園児の親子教室の目的は，子ども自身が同年代の友だちと遊ぶ機会を作ることや，様々な体験をする機会を提供すること，入園前に園に慣れさせるという子どものニーズに合わせた目的もありますが，親の子育て仲間を作ることや，親の子育てへの自信をつける機会を提供することといった親への子育て支援の目的も大きいのです。

　筆者がかかわっているP幼稚園でも，2歳児向けの親子教室を開くようになって数年になりますが，体操教室や親子制作，ゲーム遊び，季節の行事など，様々な取り組みの中に，親への心理教育プログラムを導入してきました。

　しつけの方法や，子どもとのかかわり方を教える心理教育プログラムとして，海外からの多くのプログラムが紹介されています。前述した通り，在宅子育ての母親の方が就労している母親よりも子育てのしんどさが高く，しかも2歳は自己主張する時期であり，この時期の母親のストレスは非常に高くなります。P幼稚園では，地域の母親同士の仲間作りと子育ての悩みの共有と問題解決力を高めることを目指したノーバディーズ・パーフェクト・プログラムを数年実施してきました。カナダで開発された0歳から5歳までの子どもをもつ親向けの連続講座で，子どもの安全，こころ，からだ，気持ちの成長やしつけについてグループで参加学習していく特徴があります。保育カウンセラーと子育て支援担当の教諭とがファシリテーターの資格を取得して，一緒に取り組んでいきました。2歳児をもつ在宅子育てのお母さんたちにとって，心理教育プログラムへの参加によって，これまで以上に親同士の親密度が高まると同時に，子ど

もへの理解が深まり，親子関係も仲間関係もよりよいものになっていきました。入園前に地域でのこうした心強い仲間関係を作った上で，入園ができるということは，親に安心感をもたらし，子どもも落ち着いて入園を迎えることができるようになるという声が，参加者からは聞かれます。

　現在は，在園児の保護者向けにもプログラムを実施するようになりました。清水ら（2012）は幼稚園でのこうしたプログラムの親子への効果を報告していますが，P園でも参加後の親子の様子が肯定的なものに変化しているため，毎年継続されています。

（2）地域の保護者に向けての心理教育的な講演会の事例

　幼稚園や保育所の仕事をしていると，様々な団体からも講演会や研修会に呼ばれることがあります。保育カウンセラーは，その地域のより多くの保護者に，心理教育的な視点から子育てについての知識や技術を伝え，親子関係をよりよいものにしたり，虐待発生を予防したりするための啓発活動ができるのです。

　筆者は複数の私立幼稚園のカウンセラーも務めているため，その縁で，幼稚園がある地域の連合PTAの総会のときに講演会を依頼されたり，私立幼稚園連盟の催しの際に一般保護者向けの講演会を頼まれたりします。そうした機会は，幼稚園に在園する子どもの保護者のみならず，地域の多くの保護者に対しても話をすることができる機会なので，できるだけ引き受けて子育てに役立つ話をするようにしています。

　こうした機会に様々な心理教育プログラムを紹介するワークショップを行います。

　たとえば，「安心感の輪」子育てプログラム（COS-P）[1]は，愛着理論に基づきアメリカで開発されたプログラムですが，子どもの探索行動と愛着行動，子どもの感情のおさめ方，親自身の養育態度の特徴について，映像を通して理解し，修正する方法を学びます。愛着の大切さを，非常にシンプルな「安心感の輪」の図とDVDの映像を通してわかりやすく提示します。親はこれを通じて，

---

[1] http://circleofsecurity.net/category/international-news/japan/ （2015年8月10日閲覧）

子どもとの日常生活の中で繰り広げられる何気ないやり取りや子どもの行動の中で，いかに子どもは親からの安心と見守りを求めているか，そして，親がそれに応えることで子どもの成長をどれほど促すかを，自分から気づいていけるようになります。

「前向き子育てプログラム（トリプルP）[2]」は行動療法や応用行動分析などを取り入れた家族介入プログラムですが，トリプルPで親が身につける技術としてもっとも重視しているのが，親が自ら問題を解決していけるようにする「自己統制」の技術を教えることです（サンダースほか，2006）。

COS-Pにおいても，トリプルPにおいても，親が自ら気づいて自ら行動を変えていく学習がしやすいようにプログラム自体が作成されている点が，優れているのだと思います。子どものことも子育てについても知らないまま親になる世代が増え続ける今だからこそ，若い親たちのために，地域の中でこうした心理教育プログラムを気軽に学べる機会を作っていくことも，これからの保育カウンセラーにはますます求められてくるのではないかと考えます。

3　保育カウンセラーの地域の諸機関との連携

（1）多様な専門機関・専門家との協働と連携

自治体には，たいていの場合，その主要な機能に応じて，専門機関が設けられています。表10-2には，それぞれの機関の機能，特徴，各機関のおもな専門職についてまとめています。

保育カウンセラーも，園が立地する自治体の専門機関＝社会資源に関する情報を知っておくことは非常に重要です。とくに，多職種専門職同士で，顔の見える関係を築いておけると，お互いにその専門性を理解し，適切なつなぎと紹介ができることになり，子どもと保護者に対して安心感を与え，かつ子どもに安定した環境をよりタイムリーに届けることができるようになります。園や家庭が一人で問題を抱え込まずに，それぞれの専門機関の専門性を理解し，異な

（2）http://www.triplep-japan.org/（2015年8月10日閲覧）

表10-2 園をとりまくおもな関係機関

関係機関	おもな職種	活動内容	園とのかかわり
保健センター（保健所）	保健師，看護師，助産師，医師，心理士，歯科医，栄養士等	両親学級，発達健診，個別の発達相談，親子教室，育児講座，遊びの会，虐待対応等	保護者を介して子どもの発達に関する情報交換，育児困難家庭や虐待の対応に関する連携等
子ども家庭支援センター，家庭児童相談所，児童相談所	ケースワーカー，保育士，心理士，看護師等	子育て広場，一時保育，育児や発達に関する相談，育児講座，虐待対応等	育児困難家庭や虐待対応に関する連携等
療育センター	ケースワーカー，医師，心理士，言語聴覚士，作業療法士，理学療法士，栄養士，保育士等	発達相談，個別療育，グループ療育，研修会開催等	保護者を介して子どもの発達や障害に関する情報交換，巡回相談
民間相談機関	大学教員，心理士，保育士，言語聴覚士等	個別相談，コンサルテーション，療育，研修会開催，研修講師派遣等	保護者が子どもの発達に心配が出てきたときに紹介する，保育者自身の力量形成のために活用する
教育委員会等による就学相談	相談員（心理士，特別支援教育士，教職経験者等）	就学前に，学校での特別支援を必要とするか否かを相談	就学に際して，保護者が心配や不安を抱いたときに紹介する
教育委員会等による教育相談	心理士，特別支援教育士，教職経験者等	入学後の児童の精神や発達に関する相談	入学後に子どものことで悩んだときに相談できる場として保護者に紹介する
医療機関，地域発達支援センター	医師，心理士，ケースワーカー，看護師，作業療法士，言語聴覚士，理学療法士，保育士等	子どもおよび保護者の精神的，発達的問題で医療を必要とする相談	保護者の精神的な問題がある場合の紹介先，子どもの精神的発達的な問題がある場合の紹介先

（出所） 福丸・安藤・無藤（2011）を参考に筆者作成

る多様な専門の立場から，子どもを理解し，その情報を共有できるときには，子どもにとって発達を促進する環境が提供できることになります。

(2) 園と関係する機関との連携事例

以下にいくつかの事例を通して，地域の機関との連携について紹介します。

①市町村保健センターや療育センターとの連携事例

　A君は3歳児クラスに入園しました。お母さんからは，「子どもの経験を増やしたい」という希望を聞いていましたが，入園前には発達の遅れについて何もお話がありませんでした。しかし，入園後，まだ発語がないことに加えて，友だちへの関心がうすく，水場に行ってずっと離れず，水を出して遊び続けたり，無理に部屋に入れようとするとパニックを起こしてしまいました。集まりのときには着席できず，うろうろとして他のクラスに入っていってしまうなど，保育に配慮がいることがわかってきました。保育カウンセラーも行動観察後に先生たちとコンサルテーションをもちました。保育者たちは，発達の遅れをお母さんと共有したいと思いましたが，お母さんからお話がないので，まずは，焦らずに子どもへの支援をし，母との関係作りをしていくことにして，ていねいに園での様子を伝え，園での工夫でA君が落ち着くようになっていくことを伝えていきました。A君は大好きな歌のときには担任の先生の膝に乗って座っていることが増え，また，すべり台では先生を誘う姿が見られるようになり，それにつれて担任を他の先生と区別して頼るようになっていきました。

　2学期の運動会の後，園での様子を見たお母さんから，担任に相談があり，じつは，言葉がないことや他の子どもたちと同じことができないのが気になっている，保健センターの発達相談に呼ばれているが，まだ3歳だからこんなものなのかどうか不安だと話がありました。先生が，「私たちもぜひA君へのかかわりのヒントがほしいので，相談に行って聞いてきてもらいたい」と勧めました。その後，お母さんは保健センターに相談に行き，療育を勧められてA君のために，療育に通うようになりました。

　保育カウンセラーから先生方に勧めて，お母さんの了解のもと，療育の様子を見学に行かせてもらい，療育の先生方からかかわりの方法についてアドバイスを受けて保育に生かすことができました。

　ここでは，保育カウンセラーは直接地域の機関や保護者とは連携をとっていませんが，保育者を後方からコンサルテーションの形でサポートしていきました。こうした後方支援の形での地域との連携は重要な役割となります。

②小学校への移行のための連携事例

　B君は，年少のときから，気になる子どもとしてあがっていました。じっと立っていられず，すぐに床にゴロゴロすることや，椅子に座っていられなくて動いてしまうこと，他の子どもにちょっかいを出すことなど，先生から注意を受けることが多い子どもでした。また友だちには，興味はあるものの，うまく自分からかかわれず，力加減ができないために，すぐにトラブルになってしまいがちでした。感覚の偏り，運動面の不器用さと対人面の一方的さがやや感じられる子どもです。園では，全身をしっかり使う遊びを行ったり，グループ活動で簡単なルール遊びをしたり，先生の近くの声をかけやすい席に座るようにし，係りの活動を与えて，できるだけ達成感をもてることや褒められることを意識的に作っていきました。また，担任はお母さんに園の様子や取り組みを伝え，家でも外遊びを意識して増やしてもらったり，登園を早めて朝しっかり遊ぶことができるように，お母さんに協力してもらいました。また，お母さんと本人の希望で体操教室にも通うようになりました。年中になると，他児とうまく遊べることが増え，集中して話が聞ける姿が増えていったので，発達の問題はとくにないのではないか，このまま集団の中での成長を見守っていけるのではないかと先生方と話しあっていました。

　ところが，年長になり，クラスを超える集団で動くことが多くなるにつれて，今度は行事練習への参加ができなくなっていきました。年少児のときのように，ゴロゴロしたり，着席できず，活動への参加もできなくて教室をうろうろすることが増えていきました。年長のこの時期に，多動がおさまらないことや，注意の集中が持続しないことなど，さすがに就学に向けて心配な姿が続くため，担任はお母さんと再度話しましたが，「甘えているだけなので，厳しくしてください」という返事があるばかりでした。そこで，担任が保育カウンセラーへの相談を勧めたところ，お母さんは来られました。

　直接お母さんに会ってお話をうかがうと，これまで，きょうだいの中でも育てにくい子であったこと，それでも，自分が厳しくしないとちゃんとできる子にならないと思い，かなり厳しくしつけてしまった，それで私の顔色を見る自

信のない子にしてしまった，と後悔と罪悪感を抱いておられました。お母さんの努力を労いつつ，かかわりだけの問題ではなく，この子自身が，つねに体が動いてしまうことや，運動の不器用さなどがあるため，就学後の学習への参加に配慮が要るのではないかということを伝えました。就学に向けて何を準備したらいいのかを前向きに考えるために，就学相談を利用することを勧めたところ，お母さんはこの子のためであればと，すぐに行動されました。園の方から市の就学相談担当者に連絡をしてもらい，お母さんが安心して申し込めるように手配してもらいました。そして，就学相談を受けたところ，学習上の支援をしていくことが必要であろうことが指摘され，入学後の支援についても学校との間で話しあっていくことにつながりました。

＊

　グレーゾーンの子どもの姿は，成長とともに変化し，環境の配慮によっては気になることが気にならなくなっていく子も多く見受けられます。しかし，就学に際しては，やはり一つの大きな節目となるように思います。揺れる親の気持ちに寄り添いつつも，小学校以降の予想される困難があるならば，ていねいに親に説明しながら，親が子どもの支援を考えられるように情報を提供し，自己決定できるように援助することが重要だと思います。

　保育カウンセラーは，タイミングや寄り添いの勘所をつねに探りながら支援を続けていきます。つまり，たとえば，連携に自分が直接かかわるのか，あるいは，親が自分で動きだせるように後方から援助していたらいいのか，あるいは，寄り添う人が必要ならばそれは誰が担うのがよいのか，などをその都度意識し，判断しながら，ケースをコーディネイトしていく力が要求されています。

　③保護者の育児困難に対する保健センター，保育所，家庭支援センターとの連携事例
　Cちゃんの家庭は，Cちゃんが1歳のときに，近隣から虐待通報がありました。理由は，子どもの泣き声とお母さんの怒鳴り声がしているということでした。保健センターの健診の際にお母さんの方から，とても多動で育てにくい，怒っても言うことを聞いてくれないと保健師さんに相談がありました。保健セ

ンターは発達相談につなぎ，Ｃちゃんの発達をていねいに見ていくこと，お母さんの子育ての相談にのることになりました。Ｃちゃんのお母さんは，実家の親からの援助が得られる関係になく，それと同時に，夫方の親の介護，夫婦関係の問題など様々な困難を抱えていました。そこで，保育所に子どもを預けて子育ての負担を減らす方向で調整されました。

その後，お母さんは離婚してシングルマザーとして仕事をしながらＣちゃんと暮らし始めますが，園では，Ｃちゃんの落ち着かない行動が増えていきました。保育カウンセラーが行動観察したときには，発達の問題もさることながら，愛着障害が強く感じられる行動でした。保健センターの保健師，発達相談員，園長先生，担任，保育カウンセラーらで検討して，お母さんには，発達相談員から，加配の先生をつけてもらう必要性を伝えたり，安定した相談場所として，親子で定期的に家庭支援センターに相談に行くことを勧めたりしていただくことにしました。お母さんは，Ｃちゃんのことをちゃんと育てたい想いを強くもっており，この子のためになるならと，相談に行くことになりました。生活リズムを整えるのも，一時は大変だったこともありましたが，次第に，お母さんもＣちゃんのために生活を安定させる努力をし，Ｃちゃんの園での行動も落ちついていきました。

*

養育困難家庭や虐待が疑われる家庭の場合，複雑な複数の問題を抱えていることが多くあります。他機関がかかわることになりますが，その場合に，子どもの生活の安定の要の場所として保育所の存在はとても大きくなります。保育所の先生方とともに，親子の場面，お母さんの様子，子どもの様子をていねいに観察したり，先生方から話を聴いてコンサルテーションを行い，必要な支援を提案したり，ときには，関係者で会議をもち，誰がお母さんと話をしていくのか，何をどのように伝えるのかなどを検討します。その際にも，保育カウンセラーは，有効な連携が果たせるように協働することが求められます。

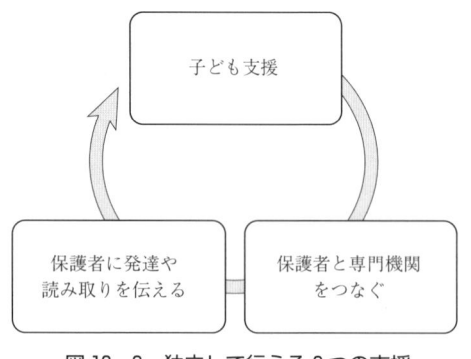

図 10-3　独立して行える 3 つの支援

（出所）　酒井（2011）を参考に筆者作成

（3）保護者支援と連携のタイミングについて

　連携が重視されればされるほど，親子と専門機関をつなげることが期待され，また保育者も早期発見・早期療育がよいことを知るほど，早くつなぐことを焦ってしまいがちです。しかし，そのために，保護者が抱く悩みや不安に気づきにくくなり，その結果，保護者の気持ちに反して，専門機関に行くことを強く勧めたために，保護者が専門機関にも園にも不信感を抱き，うまく支援につながらなくなる，あるいは，かかわり自体を避けてしまうという結果に陥る，という危惧がもたれます（浜谷，2010）。

　では，親子にとって実りある支援にするためには，どうしたらいいのでしょうか。

　酒井（2011）は，支援の 3 つの要素を分けて考えることを提案しています。つまり，「子ども支援」，「保護者に子どもの発達や読み取りを伝えること」，「保護者と専門機関をつなぐこと」，この 3 つを別々に考え，何よりも，まずは目の前の「子ども支援」から始める，ということです（図 10-3）。

　保育カウンセラーは，子どもの様子を観察し，保育者からの日常エピソードを聞きながら，子どものアセスメントをし，そして，保護者の様子を見たり園の先生とのやり取りを聞いたりしながら，保護者のアセスメントも行うことができます。保護者は不安が強いのか否か，情緒的な説明を好むのか，あるいは

理論的な説明を好むのか，周囲のサポートが得られやすいのか否か，保護者自身の社会性やコミュニケーション能力はどうなのか，など，保護者と関係を作っていく上でも，また子どもの様子をどのように伝えるのが効果的なのかを判断する上でも，保育者とのコンサルテーションで保護者自身のアセスメントを行うことも重要な役割です。そして，専門機関へつなぐタイミングを図れるように話しあっていくことが重要です。

　専門機関につなぐタイミングは，焦らないことが大切ですが，一つの目安は，保育の中で様々な手立てを行ってみた上で，さらに「保育者も専門家からアドバイスをもらいたいので，協力してもらえないか」という，子どもの日常をより豊かにするという目標が保護者と共有できるようになるときが，連携が進むタイミングではないでしょうか。こうした話を保育者と保護者の関係の中で行っていく方がよいときもあれば，さらに園にいる専門家として，保育カウンセラーが行うことで連携が進むときもあります。すなわち，発達や心理の専門家から直接，専門機関の利用法，そこに行くとどのような援助が得られるのか，どんな専門家が何をしてくれるのか，といった情報提供を親にわかりやすく伝えることで，親の理解が進み，安心して利用してくれることが進む場合があります。そのためにも，保育カウンセラーはその地域の専門家たちと，勉強会，研修会などを通して積極的な関係づくりを日ごろから行っておくことも大切な仕事となるでしょう。地域で役立つ保育カウンセラーとして，フットワークよく動き，人的，物的，両面から地域のリソースを活用していけるようなネットワークをつくることも，これからはますます求められていくと思います。

〈文献〉

安藤智子ほか　2007　幼稚園における子育て支援の調査研究　無藤隆（編）　乳幼児および学童における子育て支援の事態と有効性に関する研究　平成14年度～平成18年度科学研究費補助金研究成果報告　pp. 78-85.

ベネッセ次世代育成研究所　2012　第2回妊娠出産子育て基本調査──妊娠期から2歳までの子どもを持つ夫婦を対象に

福丸由佳・安藤智子・無藤隆（編著）2011　保育相談支援　北大路書房　p. 59.
浜谷直人　2010　巡回相談によって保育・教育（園・学校）のインクルージョンを実現する連携　発達，**124**，35-42.
原田正文　2006　子育ての変貌と次世代育成支援　名古屋大学出版会
こども未来財団　2001　平成12年度子育てに関する意識調査事業調査報告書
厚生労働省　2008　保育所保育指針
前田正子　2014　みんなでつくる子ども・子育て支援新制度　ミネルヴァ書房　p. 53.
文部科学省　2008　幼稚園教育要領
内閣府子ども・子育て本部　2015　子ども・子育て支援新制度について　http://www8.cao.go.jp/shoushi/shinseido/outline/pdf/setsumei.pdf
　　（2015年8月10日閲覧）
酒井康年　2011　専門機関につなぐためのポイント10　エデュカーレ，**46**，14-21.
サンダース，M. R. ほか　2006　グループトリプルPファシリテーターマニュアル　NPO法人トリプルPジャパン　pp. 18-19.
清水里美ほか　2012　幼稚園における前向き子育てプログラム（トリプルP）の効果検証――所属集団のスタッフによる評価を含めて　聖公会保育，**18**．
塩崎直美　2009　保育所――コンサルテーション活動を通して見えてきたこと（特集　子ども虐待の現状と支援）　発達，**117**，32-39.

索　引
(＊は人名)

あ　行
アイコンタクト　121, 122, 132
アスペルガー症候群　97, 125
アセスメント　7, 80, 84-87, 96, 99, 190, 191
アタッチメント（愛着）　43-45, 47-49, 52, 78, 90, 154, 183, 189
アメリカ精神医学会（APA）　102, 119
遺伝的（な）要因　64, 66, 71, 74, 106
医療機関　65, 156
＊ウィニコット（Winnicott, D. W.）　79, 91
＊ウィング（Wing, L.）　119
＊ヴェレイケン（Vareijken, C.）　47
＊ウォーターズ（Waters, E.）　47
受け身的・中立的な態度　7
運動症群／運動障害群　103, 112
運動能力　64, 94, 95, 97
栄養士　39, 128, 185
＊エインスワース（Ainsworth, M. D. S.）　43, 45
＊エリクソン（Erikson, E. H.）　136, 167
園長　97, 99, 176, 189
応用行動分析　184
＊小此木啓吾　164, 165
親の世話役　166
親の連合　164, 165
音声チック　114

か　行
解離症　108
カウンセラー通信（だより）　6, 8, 162, 163
核家族化　40, 142, 178
学習能力　105, 109, 110
確定診断　112, 115
学童期　62, 63, 113
家族再統合　155
家族力動　14

学校　43, 150, 151, 154, 155
葛藤（場面）　11, 20, 26, 91, 142, 171-174
家庭支援センター　188, 189
＊河合隼雄　17, 167
感覚過敏　82, 125-127, 130, 133, 137
感覚鈍麻　125, 126, 130, 133, 137
環境因子（要因）　64, 66, 67, 70, 72, 74
関係機関　154, 155, 185
関係性　79, 84, 88-90, 95
観察　11, 26, 29, 98, 148, 189
間主観性　78
感情　42, 44, 51
カンファレンス　12, 13, 15, 21, 22, 35, 93, 95-97, 99
気になる行動　80, 81, 84
虐待　71, 142, 147, 149-151, 154, 156, 158, 168, 171, 181, 183, 185, 188, 189
逆転移　92
教育分析　12
共感的理解　15, 130, 133, 161
協働　i, 4, 12-15, 20, 39, 178, 181, 184, 189
共有経験　123, 135-137
＊グリーンスパン（Greenspan, S. I.）　80, 88, 90, 92, 95, 98
ケースワーカー　108, 185
限局性学習症／限局性学習障害　103, 108, 110, 111, 113, 115
言語聴覚士　185
研修会　183, 185, 191
講演会　6, 27, 160, 162, 183
高機能自閉症　125
攻撃（的）行動　90, 95
甲状腺ホルモン　65, 68, 69
厚生労働省　144, 145, 149, 154, 155, 180
行動観察　77-80, 84-87, 92, 93, 96, 98, 99, 186, 189

193

行動療法　115, 184
子育て　i, 5, 12, 40, 72, 139, 142, 156, 157, 166, 169-171, 176, 179, 181-183, 189
子育て支援　7, 9, 14-16, 20, 27, 39, 81, 142, 156, 157, 178, 180, 182
こだわり　119, 123, 124
言葉（の発達・遅れ）　10, 52, 53, 78, 90, 104
子ども・子育て支援新制度　i, 157, 178
個別相談　22, 27, 181
コミュニケーション　2, 52, 79, 80, 88, 91, 94, 103, 119, 120, 122, 123, 125, 191
コミュニケーション症群　103
コンサルテーション　185, 186, 189, 191

さ　行

3歳児健診　157
算数障害　110, 112
＊サンダース（Sanders, M. R.）　184
暫定的チック症／暫定的チック障害　114
自我　17, 22, 25, 29, 42, 49, 50, 79
視覚過敏　126
自我の発達　44, 49, 51
自己　173-175
自己意識　87
自己一致　161
自己感　78, 79, 133
自己肯定感　29, 30, 154
自己中心性　3, 95
思春期　62-64, 66-69, 72-74, 104, 105, 108, 130
質的障害　120, 122, 123, 125
児童期　105, 136
児童虐待防止法　149, 150, 156
児童相談所　112, 149, 151, 154-156
児童養護施設　20, 155
＊篠木里恵　32
自閉症　119
自閉スペクトラム症／自閉症スペクトラム障害（ASD）　113, 117, 119, 120
社会性　42, 49, 50, 64, 81, 83, 95, 98, 99, 123

社会的相互作用　110, 119, 120
宗教性　17
象徴能力　52
情緒（的）障害　108, 109
衝動性　105-107
小児科医　79, 84
小児期　62-64, 67, 72, 74, 102, 115
情報　40, 156
情報共有　151, 154, 155
情報交換　154
情報提供　154, 156, 191
情報収集　154
女性ホルモン　63, 69, 70, 73
触覚過敏　125, 126
人格形成　150, 154
神経疾患　111, 113
神経発達症（神経発達障害）群　103, 115
新生児（期）　62, 64
診断基準　103, 104, 106, 107, 110, 111, 113, 114, 119, 120, 122
心理アセスメント　85
心理教育　115, 182-184
心理的課題　167, 174
スーパーヴィジョン　12
スクールカウンセラー　148
スクールソーシャルワーカー　147
＊スターン（Stern, D.）　78
＊スピッツ（Spitz, R. A.）　78
成人期　62, 64, 66
精神疾患　102, 106, 108
精神分析的発達理論　78
成長板　67, 68, 70, 72
成長ホルモン　66, 68, 69, 71
青年期　62, 102, 105
性ホルモン　63, 68, 69, 72, 74
世界保健機関（WHO）　43, 119
世代間伝達　166-168, 174
相互作用　2, 42, 43, 45, 46, 121
創造性　3, 4
＊ソロモン（Solomon, J.）　45

索　引

た　行

＊ダーウィン（Darwin, C. R.）　78
胎児期　10, 62-65, 67, 71, 74
対象関係論　79
対人関係　5, 15, 42, 43, 81, 83, 99, 150, 163, 166
胎生期　106
ダウン症　65, 131
＊滝口俊子　26
＊鑪幹八郎　167
多動　105, 109, 150, 187, 188
たましい　4
探索行動　183
男性ホルモン　63, 73
地域（社会）　43, 103, 178
地域子育て支援　157, 178, 180
チック（症）　83, 114, 115
チック症群／チック障害群　113, 114
知的機能　78, 103, 104
知的障害　105, 111, 124, 125, 131
知的能力　42, 52, 64, 80, 131
知的能力障害（群）　24, 103, 104, 111, 113
知的発達　54
知的発達症／知的発達障害　103, 104
注意欠如・多動症／注意欠如・多動性障害（ADHD）　103, 105-107, 109, 113, 115
聴覚過敏　126
直観的心理化　131-134, 137
＊津守真　21
＊ティーデマン（Tiedemann, D.）　78
低身長　66, 68, 71, 72, 75
適応機能　103, 104, 115
てんかん　104
同一性　123
統合失調症　108
動作法　23, 38
トゥレット症／トゥレット障害　114
読字障害　110, 112
特別支援学級　112, 124
特別支援学校　124
特別支援教育　109, 112

特別支援教育士　185
＊トレヴァーセン（Traverthen, C.）　137

な　行

＊永野美代子　35
二次性徴　63, 66, 73, 74
乳児（期）　3, 37, 52, 62, 64, 79
乳幼児（期）　2, 7, 43, 78, 86, 149, 178
乳幼児精神発達診断法　53, 54
認定こども園　i, 2, 91
妊婦健康診査　156, 157
ネグレクト　71, 147, 149
脳腫瘍　68, 74

は　行

パーソナリティ障害　108
発達障害　83, 97, 101, 102, 109, 119
発達心理学　9, 78
発達性協調運動症／発達性協調運動障害（DCD）　112, 113
パニック　25, 83
反響言語　120, 123-125
反社会性パーソナリティ障害　106, 108
反射・明確化　161, 162
ハンチントン病　114
＊ピアジェ（Piaget, J.）　54, 78
比較行動学　42
非言語的コミュニケーション　120-122
微細脳損傷症候群　105
ひとり親家庭　142, 144, 146
日野市保育カウンセラー事業　25, 26
貧困　142, 144, 146-148, 157
夫婦間（の）暴力　149, 153
夫婦の結合・同盟関係　164
複雑性運動チック　114
複雑性音声チック　114
＊プライヤー（Preyer, W. T.）　78
＊フロイト（Freud, S.）　78
分離・個体化理論　78
＊ペダーソン（Pederson, D. R.）　47
ベネッセ次世代育成研究所　179

195

偏食　28,118,127,130
保育カウンセラー　i,6,7,9-13,20-22,
　25-27,39,96,139,160,162,178,181-184,
　186-191
保育カウンセリング　i,1,2,5,9,11,13,14,
　19,39,42,55,57,78-81,84,87,91-93,96,
　99,165-167
保育士　185
保育者　2,4,6,7,13,14,20-22,25-27,30,
　33,35,37-39,43,48,57,78-80,83,84,89,
　94-96,98,99,113,135,136,176,181,186,
　190,191
保育所（園）　i,2,7,10,20,38,43,83,84,
　91,93,95,97,98,113,118,142,150,151,
　154,155,157,176,178,180,181,183,188,
　189
保育所保育指針　178,180,181
保育心理臨床研修会　26
保育ビデオカンファレンス　87
＊ホウ（Howes, C.）　47
＊ボウルビィ（Bowlby, J.）　43,44,78
保健師　38,39,84,185,188,189
保健所　20,112
保健センター　181,186,188,189
保護者　2,6-8,12,27,31,33-38,85,86,93,
　96,99,139,142,145,146,148,154,
　156-160,162,163,165-168,173-176,178,
　180,181,183-186,190,191
保護者支援　33,178,190
母子一体　6
母子家庭　144,145
母子分離不安　83
＊ホブソン（Hobson, P.）　137
ホルモン治療　72,74

ま　行
＊マーラー（Mahler, M.）　78
＊松木邦裕　174
満期産児　62,65

慢性疾患　67,71,72
未熟児　10,64
ミュンヒハウゼン症候群　153
命題的心理化　131,132
＊メイン（Main, M.）　45
問題行動　78,84,98,126,147
文部科学省　180

や　行
薬物療法　109,115
ユーモア　16,21
幼児（期）　10,62,102,112,113,115,130,
　137,180
幼稚園　i,2,7,10,20,39,43,83,91,112,
　113,118,139,142,154,155,157,178,
　180-183
幼稚園教育要領　178,180

ら・わ　行
来談者中心療法　160
ライフサイクル　136,167
ライフスタイルの変化　178
ライフチャンスの制約　146
ライフライン　153
＊リッツ（Litz, T.）　164,165
リラックス法　27,33,36
臨床心理（学）　15,39
臨床心理士　i,20,26,37,39,108,163
臨床（的）評価　104,111
連携　16,27,39,154-157,178,184-191
＊ロジャーズ（Rogers, C. R.）　160

欧文
DSM　102,119
DSM-Ⅲ　102
DSM-Ⅲ-R　105
DSM-Ⅳ-TR　125
DSM-5　102-104,106,119,125
IQ　104,125

《執筆者紹介》

滝口俊子（たきぐち・としこ）編者，はじめに，1章
　放送大学 名誉教授

坂上頼子（さかがみ・よりこ）2章
　日野市保育カウンセラー

吉田弘道（よしだ・ひろみち）3章
　専修大学人間科学部 教授

深見真紀（ふかみ・まき）4章
　国立成育医療研究センター分子内分泌研究部 部長

加藤志ほ子（かとう・しほこ）5章
　南青山心理相談室 室長

中村和彦（なかむら・かずひこ）6章
　弘前大学大学院医学研究科神経精神医学講座 教授

別府　哲（べっぷ・さとし）7章
　岐阜大学教育学部 教授

浅野恵美（あさの・えみ）8章
　神奈川県平塚児童相談所 児童福祉司

辻河昌登（つじかわ・まさと）9章
　兵庫教育大学大学院 准教授

馬見塚珠生（まみつか・たまお）10章
　京都府私立幼稚園連盟キンダーカウンセラー

青野裕子（あおの・ゆうこ）トピックス
　日野市立第七幼稚園 保護者

志村陽子（しむら・ようこ）トピックス
　日野市立第七幼稚園 元保護者

井上宏子（いのうえ・ひろこ）トピックス
　日野市立第七幼稚園 園長

植松　頌（うえまつ・しょう）トピックス
　社会福祉法人道輝会 みちてる保育園 前園長

《編著者紹介》

滝口　俊子（たきぐち・としこ）

立教大学大学院（心理学専攻）修了，臨床心理士（保育カウンセラー）
現　在　放送大学 名誉教授・立教女学院短期大学 名誉教授
　　　　日本臨床心理士会 保育臨床専門部会 部会長
　　　　心理臨床三団体 子育て支援専門委員会 委員長
　　　　心理臨床三団体 学校臨床心理士ワーキンググループ
主　著　『子どもと生きる心理学』法藏館，1996年
　　　　『困ったときの子育て相談室』（共著）創元社，2003年
　　　　『保育カウンセリング』放送大学教育振興会，2008年
　　　　『スクールカウンセリング　改訂版』（編著）放送大学教育振興会，2010年
　　　　『現場で役立つスクールカウンセリングの実際』（共編）創元社，2012年
　　　　『子育て知恵袋』（共編著）福村出版，2012年
　　　　『夢との対話――心理分析の現場』トランスビュー，2014年　ほか

　　　　　　　　　　子育て支援のための保育カウンセリング

　　　　　　　2015年10月10日　初版第1刷発行　　　　　　〈検印省略〉

　　　　　　　　　　　　　　　　　　　　　　　　定価はカバーに
　　　　　　　　　　　　　　　　　　　　　　　　表示しています

　　　　　　　　　　　　　編著者　　滝　口　俊　子
　　　　　　　　　　　　　発行者　　杉　田　啓　三
　　　　　　　　　　　　　印刷者　　坂　本　喜　杏

　　　　　　　　　　　　発行所　株式会社　ミネルヴァ書房
　　　　　　　　　　607-8494　京都市山科区日ノ岡堤谷町1
　　　　　　　　　　　　　　　電話代表　(075)581-5191番
　　　　　　　　　　　　　　　振替口座　01020-0-8076番

　　　　　　　ⓒ 滝口俊子ほか，2015　　冨山房インターナショナル・清水製本
　　　　　　　　　　　ISBN 978-4-623-07455-6
　　　　　　　　　　　　　Printed in Japan

保育に生かす心理臨床	Ａ５判 248頁
馬場禮子・青木紀久代 編	本体 2400円

地域における保育臨床相談のあり方	Ｂ５判 208頁
──協働的な保育支援をめざして	本体 2200円
一般社団法人日本保育学会保育臨床相談システム検討委員会 編	

発達障害児・気になる子の巡回相談	四六判 232頁
──すべての子どもが「参加」する保育へ	本体 2500円
浜谷直人 編著	

共感	四六判 232頁
──育ち合う保育のなかで	本体 1800円
佐伯 胖 編	

自閉症の子どもたち	Ａ５判 448頁
──間主観性の発達心理学からのアプローチ	本体 5500円
C.トレヴァーセン／K.エイケン／D.パプーディ／J.ロバーツ 著	
中野 茂・伊藤良子・近藤清美 監訳	

みんなでつくる子ども・子育て支援新制度	Ａ５判 248頁
──子育てしやすい社会をめざして	本体 2200円
前田正子 著	

保育者の地平	Ａ５判 312頁
──私的体験から普遍に向けて	本体 3000円
津守 真 著	

季刊誌　発達

1・4・7・10月　各25日発売

Ｂ５判／120頁　本体 1500円

乳幼児期の子どもの発達や，それを支える営みについて，幅広い視点から最新の知見をお届け！

ミネルヴァ書房

http://www.minervashobo.co.jp/